NADA
EASY
NADA
EASY
NADA

CB065709

CARO LEITOR

Queremos saber sua opinião sobre nossos livros.
Após a leitura, curta-nos no facebook.com/editoragentebr,
siga-nos no Twitter @EditoraGente,
no Instagram @editoragente
e visite-nos no site www.editoragente.com.br.
Cadastre-se e contribua com sugestões, críticas ou elogios.

TALLIS GOMES
Fundador da Easy Taxi, Singu e Gestão 4.0

NADA EASY

O passo a passo de como combinei gestão, inovação e criatividade para levar minha empresa a 35 países em 4 anos

Diretora
Rosely Boschini

Gerente Editorial
Rosângela de Araujo Pinheiro Barbosa

Editora Assistente
Franciane Batagin Ribeiro

Assistente Editorial
Rafaella Carrilho

Produção Gráfica
Fábio Esteves

Preparação
Entrelinhas Editorial e Adriane Gozzo

Capa
Marcella Fonseca

Foto da capa
Matheus Lins

Projeto gráfico e Diagramação
Marcella Fonseca

Revisão
Sirlene Prignolato
Vero Verbo Serviços Editoriais

Impressão
Rettec

Copyright © 2017, 2020 by Tallis Gomes
Todos os direitos desta edição
são reservados à Editora Gente.
Rua Original, 141/143 – Sumarezinho
São Paulo, SP – CEP 05435-050
Telefone: (11) 3670-2500
Site: www.editoragente.com.br **E-mail:**
gente@editoragente.com.br

Dados Internacionais de Catalogação na Publicação (CIP)
Angélica Ilacqua CRB-8/7057

Gomes, Tallis
  Nada easy: O passo a passo de como combinei gestão, inovação e criatividade para levar minha empresa a 35 países em 4 anos / Tallis Gomes. — ed. rev. — São Paulo: Editora Gente, 2020.
  224 p.

ISBN 978-65-5544-033-1

1. Negócios 2. Sucesso nos negócios 3. Administração de empresas 4. Empreendedorismo I. Título

20-3484   CDD 650.1

Índice para catálogo sistemático:
1. Sucesso nos negócios

NOTA DA PUBLISHER

Tallis é não apenas uma pessoa incrível como também um empreendedor genial. Não à toa, esteve na *Forbes 30 Under 30* como destaque em tecnologia e inovação em 2014, foi eleito em 2017 pelo MIT como o jovem empreendedor mais inovador do mundo, listado pela principal revista científica do Brasil como uma das 25 pessoas mais influentes da internet brasileira e eleito como jovem líder do ano em 2016 pela Latin Trade Foundation em Miami. Seus prêmios, títulos e honrarias não param por aí, mas ao mesmo tempo não dizem metade do grande empreendedor, parceiro e autor dedicado que ele é.

Começou a empreender aos 14 anos, adquiriu uma experiência extraordinária sobre como iniciar seu próprio negócio, levantar capital, formar o time dos sonhos e, de igual importância, como saber o melhor momento de vender sua empresa. Em seu histórico estão as empresas Easy Taxi, Singu e Gestão 4.0, todas bem-sucedidas e referência em inovação e tecnologia. É muito comum nos depararmos com fórmulas mágicas ou receitas milagrosas que prometem o tão desejado sucesso. Tallis está aqui para desmistificar isso. Sua jornada é a prova de que os verdadeiros segredos de um caminho vitorioso são a disciplina e a persistência. Parte do cast de autores best-sellers da Editora Gente, o autor já impactou milhares de vidas, compartilhando seu conhecimento e ajudando outras pessoas a também viabilizarem suas ideias e as tirarem do papel.

O *Nada easy*, seu livro de estreia, foi lançado em 2017 e agora tenho o enorme prazer de apresentar a vocês a edição revista e atualizada, com um novo capítulo inédito que traz as novas estratégias da inovação para os momentos de crise. Este conteúdo é atual e imprescindível para que você possa dar o próximo passo e estar por dentro do que é necessário para seguir em direção ao sucesso. Boa leitura!

Rosely Boschini – CEO e publisher da Editora Gente

AGRADECIMENTOS

Esta história não poderia ser contada se minha avó Anita não fosse a mãe que eu não tive, acordasse todos os dias antes das 6 da manhã para assar meu pão de queijo e lutasse contra a minha (pouca) vontade de acordar e ir para a escola.

Não seria contada se o maior herói, a quem eu tenho como meu avô, não tivesse sido o pai que eu não tive e dedicado o final de sua vida para me formar um homem, ensinar-me a ter caráter e investir nos meus sonhos, por mais loucos que eles parecessem.

Também não seria contada se eu não tivesse pessoas maravilhosas que cruzaram o meu caminho na hora certa – foram muitas. Seria muito fácil eu cometer alguma injustiça aqui, portanto, vou citar apenas aqueles que causaram um impacto muito profundo na minha vida: Gustavo Vaz, meu parceiro e um dos melhores executivos que já conheci; Vinicius Gracia, meu irmão que tanto amo e CTO da Easy Taxi, um dos maiores gênios da tecnologia brasileira; Marcio William, meu *head* de mobile e, sem dúvida, uma pessoa que "cospe na cara" daqueles que afirmam não existir meritocracia, de morador do subúrbio do Rio de Janeiro a multimilionário, meu irmão de quem tenho tanto orgulho; Daniel Cohen, um dos caras mais obstinados que eu conheço, peça fundamental para o nascimento da Easy Taxi.

Alex Tabor, no momento em que a Easy Taxi ia falir, você me salvou, jamais vou me esquecer disso, você é uma das pessoas mais brilhantes e íntegras que eu conheço; Felipe Matos, sem o seu *mentoring* provavelmente a Easy Taxi não teria deslanchado. Cecilia Bere, além de uma grande profissional, você tem sido uma parceira extremamente dedicada a quem devo muito, sempre entregando até mais do que eu lhe peço e trabalhando mais duro do que 99% das pessoas que conheço; Rodrigo Valverde, melhor e mais obstinado advogado, grande parceiro que me acolheu no momento mais conturbado da minha vida e me auxiliou sem nenhum interesse, jamais vou me esquecer disso. A Babi, por cuidar carinhosamente de mim e permitir que eu tenha o foco necessário para executar meus planos megalomaníacos.

Não posso deixar de citar também Dennis Wang, meu co-CEO na Easy Taxi e a pessoa que cuidava da casa enquanto eu tocava o pau mundo afora para criarmos um dos maiores cases de sucesso da história do mobile, valeu China, você é foda. Thabata Cesario, você foi foda e peça primordial para que a Easy Taxi pudesse ser criada, eu nunca vou me esquecer do papel que você desempenhou naquele momento.

A todos aqueles que sempre me suportaram e me apoiaram nas minhas loucuras (e olha que não são poucas). Àqueles que não me apoiaram também e em diversos momentos tentaram matar os meus sonhos, meu muitíssimo obrigado, eu jamais teria conseguido sem vocês. Sem dúvida nenhuma, colocar em xeque a minha capacidade de executar um sonho grande é o combustível principal da minha motivação.

Gostaria de dedicar este livro a Jorge Nunes Rocha (*in memorian*), definitivamente a pessoa mais importante da minha vida, ao lado da minha avó, Anita Gomes, que continua sendo a pessoa mais doce, batalhadora e íntegra que eu conheço. Vó, devo tudo que tenho a você. Eu te amo demais.

- 12 **PREFÁCIO**

- 20 **INTRODUÇÃO**
  Qual é a sua dor?

- 24 **CAPÍTULO 1**
  Agilidade e adaptabilidade: habilidades vitais para a nova realidade dos negócios

- 44 **CAPÍTULO 2**
  O rock salvou a minha vida

- 60 **CAPÍTULO 3**
  Como ter uma ideia viável

- 80 **CAPÍTULO 4**
  Como transformar sua ideia em produto

- 96 **CAPÍTULO 5**
  Como construir meu time

- 114 **CAPÍTULO 6**
  Direito básico para founders

- 128 **CAPÍTULO 7**
  Como levantar capital

- 162 **CAPÍTULO 8**
  Como escalar o meu negócio

- 182 **CAPÍTULO 9**
  Como aplicar o growth hacking

- 200 **CAPÍTULO 10**
  É a hora de fazer o exit?

- 220 **GLOSSÁRIO**

PREFÁCIO

Falar do Tallis não é nada "easy". Aqui você vai entender o porquê.

Eram mais ou menos 22h40. Eu estava trabalhando no HQ do Hotel Urbano, em mais um dia de semana qualquer de agosto de 2015, acredito que em uma quinta-feira, quando li uma matéria que mencionava a Singu em que os empreendedores por trás de uma ainda "ideia de negócio" falavam em transformar a plataforma na Uber dos Serviços de Beleza. Até então, não vou mentir ou disfarçar aqui pra você, pensei na hora: "Mais aventureiros achando que vai ser fácil". Parei, fixei os olhos na foto da matéria e... "Peraí, conheço esse cara!". Logo em seguida, sem pestanejar, peguei meu celular, liguei pro nosso gerente de comunicação (PR, *Public Relations*, na época) e perguntei se ele ainda tinha o contato do Tallis Gomes, fundador da Easy Taxi. Naquele momento, lembrei que esse nosso gerente, inúmeras vezes, havia comentado que eu deveria conhecê-lo, que o "garoto" era ótimo. Enfim, pela correria do dia a dia de tocar uma startup, como o Hotel Urbano, nunca consegui sentar com o Tallis antes, ainda mais

PREFÁCIO

porque ao mesmo tempo ele tocava a Easy e provavelmente também vivia numa correria absurda, desbravando não só o Brasil, mas também outros 35 países!

Fiz contato, marcamos um call, ouvi atentamente o que ele pensava sobre business, quais eram, na visão dele, os maiores desafios e, principalmente, qual era, naquele momento, o seu sonho grande! Aonde ele queria levar a Singu nos próximos cinco anos?

Passou-se um dia, e para mim, na época, era mais do que suficiente para tomar uma decisão. Então, ao sair do HU, numa sexta-feira, por volta das 20h30, pedi um segundo call. Estava decidido a convencê-lo a me deixar fazer parte, meu irmão e eu, do quadro societário da Singu. Minha decisão foi pragmática: "Se esse cara transformou a vida de mais de 400 mil taxistas ao redor do mundo, por que não seria capaz de transformar a vida de milhões de 'artistas' (como eles chamam as manicures e os profissionais de beleza) e fazer da Singu o maior salão de beleza do mundo?". Botei isso na cabeça e não tirei mais. "É possível". Pensava na época!

Existe uma relação bem peculiar entre ambos os negócios, e a principal delas é que ninguém havia oferecido antes um mínimo de tecnologia e serviço de excelência aos motoristas de táxi do Brasil e do mundo. Eles faziam parte de uma classe completamente abandonada e largada às cooperativas, e isso se aplicava também aos profissionais de beleza, que, antes do surgimento da Singu, ainda se viam completamente dependentes das grandes redes de salões e até mesmo de salões independentes.

"Quando surge alguém oferecendo algo novo e completamente escalável, num dos mercados que mais crescem no mundo todo, não se pode fechar os olhos." Pensei na época.

TALLIS, COMO BOM EMPREENDEDOR QUE É, CONSEGUE VER OPORTUNIDADES ONDE OUTRAS PESSOAS SÓ ENXERGAM PROBLEMAS.

Em paralelo a tudo isso, enxergava uma relação forte também com o próprio Hotel Urbano, que nasceu para democratizar o turismo no Brasil, tornando a viagem um objeto de desejo cada vez mais próximo de todas as camadas da população. Hoje, depois de quase sete anos de operação, o HU tornou-se a maior agência on-line de viagens do Brasil e o maior vendedor de diárias de hotéis, sem possuir em nosso CNPJ um único hotel... E isso só foi possível porque em 2011 percebemos uma ineficiência no mercado de *travel*, as grandes agências e operadoras, na época, só ofereciam seus serviços para grandes redes de hotéis e resorts, fechando os olhos para os milhares de pequenos hotéis e pousadas espalhados pelo Brasil todo. E não preciso dizer que 60% dessas agências e operadoras, que fechavam os olhos para a tecnologia, a internet e a cauda longa da hotelaria brasileira, não existem mais.

Então, o pensamento e a correlação da Singu com a própria Easy Taxi e com o HU eram inevitáveis...

O ponto é que o Tallis, como bom empreendedor que é, consegue ver oportunidades onde outras pessoas só enxergam problemas. Hoje, tenho um pouco mais de propriedade para falar do Tallis do que tinha quando o conheci, há alguns anos. O que vou

PREFÁCIO

escrever nas próximas linhas não será muito "pensado" ou "estruturado", como faz a maioria das pessoas convidadas para escrever um "prefácio". Vai ser de coração (Tallis, se você não gostar, pode me mandar à m***, mas não guarde mágoas!).

Vamos lá... Para mim, o Tallis é um baita realizador. Antes de qualquer coisa, antes de ser o cara superestudioso, superantenado que dá palestras e que ganhou o mundo por meio da sua Easy Taxi, ele é isso: um BAITA REALIZADOR. Se vai dar certo a Singu como deu a Easy Taxi? Meu irmão, não importa, o que importa é que esse cara, diferentemente de 90% das pessoas que conheço, levanta a bunda da cadeira todos os dias SONHANDO GRANDE, PENSANDO ALTO E DANDO O PRÓPRIO SANGUE PARA VER SEUS SONHOS SE REALIZANDO. Cara, isso para mim já bastaria, como diz o ditado norte-americano: "Where there's a will, there's a way" ("Onde há vontade, há um caminho"). Assim é o Tallis.

O que o diferencia das outras pessoas que estão nesses 10% que sonham grande é que ele, mesmo já tendo construído (com ajuda de outros dois caras que admiro, Gustavo Vaz e Vinicius Gracia) um grande case de empreendedorismo que ganhou o Brasil e o mundo, não se deu e não se dá por satisfeito. Explico: sempre que recebo materiais que julgo "fora da curva", mando-os para um grupo de 15 a 20 amigos empreendedores. Sempre. O Tallis SEMPRE, em 100% das vezes, devora o material no mesmo dia e o comenta, em cima, com observações e abordagens superpertinentes com o assunto, ou seja, diferentemente das pessoas que "passam o olho", o cara devora tudo como se fosse um cachorro faminto que não vê comida há três dias. Isso é demais!!! Quando se tem 20 ou 22 anos, devorar coisas novas, artigos, metodologias de trabalho, estudos de caso etc. é mole, mas vá fazer isso com a idade dele e o "tempo livre" que lhe sobra! Quase que por "padrão", suas respostas geralmente vêm às 2, 3 ou, às vezes, às 4 da manhã! Pois é, meu amigo, enquanto 95% da população brasileira dorme, esse cara tá estudando. Estudando. Estudando. E pode ter certeza, tem gente que ainda fala que ele teve "sorte" de ter a Rocket por trás da Easy. Esqueçam!!!

Quando lembro que o Tallis teve como sócios aqueles três irmãos alemães babacas da Rocket, que tratam brasileiro como LIXO e nosso país como se fosse o CANIL deles, eu penso: **"PQP, como o Tallis conseguiu aguentar esses vermes por cinco anos?"**. Realmente, ele teve de ter casca, pele e, acima de tudo, um amor e uma paixão descomunal por realizar, por fazer acontecer, para aguentar se reunir por mais de uma vez com aqueles caras (leiam um pouco sobre os irmãos Samwer, da Rocket Internet). Meu irmão e eu tivemos o desprazer de estar com eles em duas ou três reuniões, ainda no início do HU.

O prefácio se alonga e poderia se alongar muito mais se fosse me debruçar aqui sobre todos os desafios que conheci de perto, sobre as palavras do Tallis ou sobre o fato de tê-lo conhecido numa época em que ainda era bem apegado à empresa que fundou, mas isso você vai saber lendo este livro, pelas próprias palavras dele. O mais legal disso tudo que percebo é que o Tallis, como ser humano mais evoluído que é hoje, só tira lições positivas de todas as porradas que tomou durante a vida. Isso faz com que eu o admire ainda mais!

Hoje, arrisco dizer que a maior qualidade de um empreendedor é não ter medo de errar, de correr riscos e eventuais fracassos. Quando observo o Tallis, percebo nele essas qualidades. Ele se joga com paixão, com sangue nos olhos e faca nos den-

PREFÁCIO

tes em tudo que faz. Seja na sua Singu, em uma nova amizade, em uma palestra, em um novo esporte ou até no próprio livro.

Sam Walton, fundador do Walmart, quando lhe perguntaram, em certa ocasião, sobre quantas vezes havia errado e quais teriam sido os maiores erros de sua vida, respondeu:

– Minha filha, não vou conseguir me lembrar de todos, mas cometi mais de cinquenta grandes erros em minha vida, e consegui chegar até aqui. E hoje tenho uma certeza: que pena! Se tivesse errado o dobro de vezes, com certeza teria chegado muito mais longe!

Na época, o Walmart já era a maior rede varejista do mundo.

Que o Tallis já cometeu erros, já se "excedeu" algumas vezes e também já se arrependeu de decisões passadas, disso não tenho dúvida! Mas, como amigo e sócio, o que posso afirmar hoje, com absoluta certeza, é que o Brasil e o mundo precisam de mais "Tallis", porque, errando ou acertando, esse cara nunca deixou de acreditar no próprio potencial, nunca deixou de acreditar no potencial das pessoas com quem trabalha e nunca deixou de acreditar no potencial do Brasil, como o país que possui, sem dúvida nenhuma, os melhores empreendedores do mundo.

Seja bem-vindo a este eletrizante livro! Confie em mim, serão horas bem investidas, lendo, conhecendo e aprendendo com esse baita empreendedor!

Boa leitura! ;)

José Eduardo Mendes (ou só "Duda")
Fundador e realizador do Hotel Urbano
(Que, junto com uma família de "Fanáticos HU", estamos ainda construindo a melhor experiência de viagens do mundo.)

INTRODUÇÃ

QUAL É A SUA DOR?

Os últimos seis anos da minha vida foram incríveis e me possibilitaram conhecer, literalmente, milhares de outros empreendedores – alguns incríveis, outros terríveis e muitos com potencial para se tornar maravilhosos. Estes últimos estavam com um problema: sentiam-se completamente perdidos nesse labirinto que é empreender no Brasil, sem dúvida nenhuma, um dos ambientes mais hostis do mundo para qualquer empreendedor.

Como estou há mais de dezesseis anos nessa área, já senti na pele muitas das angústias que todo brasileiro sente quando tenta abrir o próprio negócio. Sei da dificuldade em lidar com a bu-

QUAL É A SUA DOR?

rocracia e conheço uma das piores e mais complexas legislações tributárias do mundo, que, de presente, entrega-nos a ferramenta perfeita para evitar que novos negócios nasçam: a nossa tão falada carga tributária. Não obstante, temos um sistema educacional em frangalhos, o que faz com que a busca pelo principal ativo de uma empresa – as pessoas – torne-se um desafio homérico (quem já tentou contratar gente qualificada sabe do que estou falando).

Uma vez que você consiga encontrar pessoas qualificadas para trabalhar em seu negócio e resolver um problema do mercado, surge um desafio tão grande quanto contratar: conseguir investimento em uma economia voltada para rentistas, com uma taxa de juros de dois dígitos. É, meu caro empreendedor, eu sei de tudo isso, pois senti na pele, chorei sangue para conseguir criar um dos maiores negócios de tecnologia da história deste país e foi exatamente por isso que decidi compartilhar os erros e os aprendizados dessa jornada, para que você não precise tropeçar nas mesmas pedras que eu e para que seja bem-sucedido.

Este livro foi escrito por um empreendedor brasileiro para empreendedores brasileiros. Não pense que encontrará aqui cases bonitos do Vale do Silício ou ideias importadas. Não é o caso. Nas próximas páginas, está a realidade de quem tenta fazer com que uma startup dê certo no Brasil – e há muitas dificuldades por aqui. Quem já leu meus textos ou já assistiu a minhas palestras e meus vídeos sabe que eu não fico colorindo a realidade. O meu estilo é falar a verdade, sempre, mesmo que ela seja dolorida. É melhor saber o que você encontrará lá fora, para que se prepare e não se frustre no futuro.

Existe um ditado estrangeiro que diz: "Eat your own dog food", ou "Coma sua própria ração", que foi exatamente o que fiz para produzir este livro. Criei este produto com base no que será ensinado nas páginas a seguir. Esse raciocínio me levou à ideia de fazer webinars sobre cada um dos temas que discutiremos aqui. Assim, eu pude entender quais são as dores reais dos empreendedores.

Os webinars foram o meu MVP (*minimum viable product* – ou produto mínimo viável, termo que, se você não o conhece, explicarei em breve). E as perguntas dos participantes me ajudaram a estruturar a escrita e a fazer com que o livro fosse ao cerne dos principais questionamentos dos empreendedores do nosso país.

É por essa razão que tenho certeza de que este é mais do que um simples livro, é um guia prático para quem quer abrir, escalar e gerenciar uma startup no Brasil; e, consequentemente, um manual de inovação para grandes corporações. Os aprendizados não param por aqui. Além deste livro, você pode baixar ferramentas no site tallisgomes.com.br que o auxiliarão na construção e no gerenciamento do seu negócio. Vamos começar nossa jornada?

CAPÍTULO 1

AGILIDADE E ADAPTABILIDADE: HABILIDADES VITAIS PARA A NOVA REALIDADE DOS NEGÓCIOS

TUDO MUDOU... E AGORA?

Entre os acontecimentos de 2020, a pandemia de covid-19 foi o mais impactante e aquele que mudou para sempre as relações de trabalho e o convívio das pessoas, em geral. Além das inúmeras vidas perdidas durante esse período – e, consequentemente, da dor de centenas de milhares de famílias –, a pandemia provocou o isolamento de boa parte da população mundial, gerando, assim, mudanças, inovações, adaptações e reinvenções que ainda estamos experimentando, tentando entender e incorporando em nosso dia a dia.

AGILIDADE E ADAPTABILIDADE

Desse modo, 2020 foi um ano de impactos e mudanças, e, nesse cenário, nada faria mais sentido que trazer um novo panorama para este livro, um guia que traz o passo a passo para a validação da sua ideia, mostrando como abrir um negócio e fazê-lo crescer exponencialmente.

Esse é o momento perfeito para uma atualização de como os negócios estão funcionando e inovando em suas áreas e, consequentemente, de como você poderá usar isso a seu favor. Portanto, meu convite é para você, leitor, que gosta de acompanhar tudo de perto, que quer se manter na linha de frente entre aqueles que transformam o mercado, levar esse conhecimento para o seu negócio. Agora é hora de mudar, então vamos juntos nessa!

ALGUNS NÚMEROS IMPORTANTES

Antes de partirmos para a parte prática deste novo capítulo, vamos a alguns números importantes: a *Global Economic Prospects* publicou um estudo afirmando que, em 2020, lidamos, possivelmente, com a pior recessão da economia mundial desde a Segunda Guerra Mundial,[1] isto é, com uma retração que pode chegar a 8%, de acordo com o Banco Mundial. E no Brasil a situação não poderia ser diferente. Entre março e maio de 2020, a atividade econômica despencou 11,3%,[2] queda pior

---

[1] TOMAZELLI, Idiana. Banco Mundial prevê queda de 8% do PIB em 2020 no Brasil, a maior em 120 anos. O Estado de S. Paulo, 8 jun. 2020. Disponível em: https://economia.estadao.com.br/noticias/geral,banco-mundial-preve-queda-de-8-do-pib-em-2020-no-brasil-a-maior-em-120-anos,70003328255. Acesso em: 14 set. 2020.

[2] CASTRO, Fabrício de. Pandemia faz atividade econômica despencar 11,43% em 3 meses, mas maio aponta reação. O Estado de S. Paulo, 14 jul. 2020. Disponível em: https://economia.estadao.com.br/noticias/geral,pandemia-faz-atividade-economica-despencar-11-43-em-3-meses-mas-maio-aponta-reacao,70003363404. Acesso em: 14 set. 2020.

que a crise financeira de 2008. E muitas empresas, infelizmente, não aguentaram essa tormenta. A quantidade de empreendimentos que entrou com pedido de recuperação judicial em junho de 2020 foi 44,6% maior que o mesmo período de 2019, e o número de falências decretadas aumentou 71,3% na comparação do mesmo período.[3] Além de ser algo muito triste, é também muito alarmante.

Alguns setores sofreram mais que outros. A educação e a indústria do entretenimento, por exemplo, foram completamente abaladas, e as consequências disso perdurarão por algum tempo, até que voltemos ao "normal" de antes da pandemia. Em abril de 2020, por exemplo, 1,37 bilhão de estudantes (ou três em cada quatro alunos) estavam fora da sala de aula.[4] A pandemia forçou instituições de ensino do mundo todo a abraçarem, de um dia para o outro, tecnologias que estavam disponíveis há muito tempo – mas que não eram tidas como prioridade. Vários profissionais começaram a experimentar novos formatos de aprendizagem, algo interessante em um setor bastante resistente a essas inovações. E o entretenimento? Foi um dos setores mais afetados durante o período: inúmeros shows, peças de teatro e espetáculos foram cancelados. Cinemas e baladas? Fechados. Pelo menos metade de todos os eventos agendados no Brasil foi cancelado em 2020, gerando demis-

---

3 PEREIRA, Renée. Crise faz número de falências dar salto de 7,13% em junho e especialistas veem piora. *O Estado de S. Paulo*, 14 jul. 2020. Disponível em: https://economia.estadao.com.br/noticias/geral,crise-faz-numero-de-falencias-dar-salto-de-71-3-em-junho-especialistas-veem--piora,70003363029. Acesso em: 14 set. 2020.
4 HERRERA, Leandro. A pandemia do coronavírus pode mudar para sempre a educação. *Época Negócios*, 16 jun. 2020. Disponível em: https://epocanegocios.globo.com/colunas/noticia/2020/04/pandemia-do-coronavirus-pode-mudar-para-sempre-educacao.html. Acesso em: 14 set. 2020.

AGILIDADE E ADAPTABILIDADE

sões, devoluções e grandes quedas de receita para quem vive dessa atividade.[5] Imagine o impacto disso no mundo?

Os números são péssimos e assustadores. Eu sei. Mas, em um momento tão delicado, precisamos nos fortalecer e atravessar a turbulência da melhor forma possível. E como podemos fazer isso? Aprendendo com o que nos é oferecido e tentando procurar soluções para o nosso dia a dia.

ADAPTAÇÃO É A FÓRMULA MÁGICA

Em momentos de crise, nossa principal missão é nos adaptar aos novos tempos. E aqui não estou dizendo que é fácil ou tranquilo, muito pelo contrário. Sair do casulo e deixar uma casca à qual estamos acostumados pode ser doloroso e complicado; entretanto, é necessário. Assim, gostaria de compartilhar com você, leitor, as orientações que poderão ajudá-lo a se organizar em momentos de crise. Não existem fórmulas mágicas, é claro, pois cada caso é muito particular; contudo, fiz uma seleção de informações e estratégias que posso garantir que o ajudarão em períodos como o que passamos em 2020.

PENSE FORA DA CAIXA

Pode parecer clichê, mas quero que você faça um exercício agora. E se daqui a dois anos todas as mudanças que aconteceram em 2020 precisassem ser descartadas e precisássemos começar novamente... Você estaria preparado?

---

5 ABRAPE: demissões podem chegar a 500 mil no mercado nacional de shows. *Portal Eventos*, 5 abr. 2020. Disponível em: https://www.revistaeventos.com.br/EVENTOS/Abrape:-Demissoes-podem-chegar-a-500-mil-no-mercado-nacional-de-shows/49562. Acesso em: 14 set. 2020.

Esse é um ponto muito delicado entre aqueles que lideram negócios: estão sempre muito acomodados com os processos e esquecem-se de que tudo pode mudar de um dia para o outro. E isso vale para todas as áreas! Vamos falar sobre um exemplo prático? A Apple,[6] líder em tecnologia e aparelhos eletrônicos, fechou suas fábricas na China no início do surto naquele país, atitude nobre e impactante quando observamos que ainda nem sequer sabíamos o tamanho do problema com o qual estávamos lidando. Já a XP Investimentos, uma das maiores instituições financeiras do país, anunciou em junho de 2020 o trabalho remoto permanente para seus funcionários,[7] mesmo sem saber quando tudo estaria normalizado. A Amazon, empresa transnacional focada em comércio, liberou o download gratuito de dezenas de livros digitais a todos aqueles que se encontravam em casa e precisavam de entretenimento. A Harvard liberou mais de cem cursos on-line, com certificado sem custo,[8] para quem estivesse interessado em aprender e se especializar durante o período da pandemia de 2020. Com essa última iniciativa, temos um círculo virtuoso de ajuda mútua que se sucedeu e fez toda a diferença. Nós, do Gestão 4.0, redesenhamos todo nosso programa de

---

[6] BLOOMBERG. Apple vai fechar lojas e escritórios na China até o próximo dia 6 devido à epidemia de coronavírus. O Globo, 1 fev. 2020. Disponível em: https://oglobo.globo.com/economia/apple-vai-fechar-lojas-escritorios-na-china-ate-proximo-dia-9-devido-epidemia-do-coronavirus-1-24224616. Acesso em: 14 set. 2020.
[7] DURÃO, Mariana. Home office traz desafios para empresas e executivos discutem modelo híbrido. O Estado de S. Paulo, 13 jul. 2020. Disponível em: https://economia.estadao.com.br/noticias/geral,home-office-traz-desafios-para-empresas-e-executivos-discutem-modelo-hibrido,70003362188. Acesso em: 14 set. 2020.
[8] GUSMÃO, Amanda. 16 iniciativas educacionais, de apoio e incentivo que as empresas têm realizado diante da covid-19. Rock Content, 27 maio 2020. Disponível em: https://rockcontent.com/blog/iniciativas-covid-19/. Acesso em: 14 set. 2020.

AGILIDADE E ADAPTABILIDADE

imersão para fazê-lo on-line e ao vivo, permitindo que empresários de todos os países tivessem as ferramentas necessárias para não sucumbir à turbulência da covid-19 e conseguir adaptar seus negócios antes que fosse tarde.

Por fim, o que quero mostrar com todas essas iniciativas é que, além de estar prontos para a mudança, seus gestores pensaram fora da caixa para agregar valor ao usuário final de seus negócios. Isso mostrou não só importância e relevância, mas também aplicabilidade e, principalmente, adaptabilidade perante um cenário que exige postura disruptiva da gestão.

Por isso, esteja aberto ao momento e entenda que seu público está precisando simplesmente tirar os olhos do Excel e conversar com as pessoas. O que diferencia um negócio de sucesso de um fracassado é tão somente sua capacidade de se adaptar. A teoria de Darwin nunca fez tanto sentido. As ferramentas que entregamos no Gestão 4.0 são o suprassumo desse processo de adaptação; por isso, nesse um ano e meio de história, formamos mais de mil gestores, faturamos 850 bilhões de reais e empregamos mais de 300 mil pessoas.

FAÇA AS PERGUNTAS CERTAS E DESACELERE

Estar conectado e acompanhar o caótico desenvolvimento tecnológico não são as únicas soluções para que possamos seguir em frente com sucesso e eficiência: é preciso, também, fazer as perguntas certas. Todos os dias, convido você a se perguntar:

- **Como posso manter meu negócio vivo?** Leia papers, cases, jornais de diferentes geografias; estar atualizado foi o que me permitiu antecipar a chegada da covid-19 no

Ocidente e construir o *playbook* da Singu e do Gestão 4.0 para que dobrássemos de tamanho durante a crise. Essa pergunta deve ser feita diariamente, e as diretrizes estratégicas devem refletir as possíveis respostas.

- **O que estou fazendo neste momento é exatamente o que deveria estar fazendo?** Um dos grandes desafios de líderes em momentos de crise é saber como e onde alocar seus recursos (escassos). Uma decisão ruim pode significar a ruína do negócio; portanto, tenho o hábito constante de me perguntar todas as manhãs se estou fazendo exatamente o que EU, como CEO, deveria fazer nesse momento. Por exemplo, será que eu não deveria estar visitando meus top 10 contratantes para garantir que estão felizes e não vão rescindir o contrato com minha companhia? Será que eu não deveria estar conversando constantemente com meu time de produto para garantir que não vou perder nenhuma peça-chave dele e, portanto, atrasar o *roadmap* do produto que já vendi no último *quarter*? Esses são exemplos de perguntas que fazem parte do dia a dia da grande maioria dos empresários brasileiros e que talvez você não esteja se fazendo agora.
- **Como tomar boas decisões em um cenário de alto grau de incerteza?** No meu ponto de vista, esta é uma das perguntas mais complexas, mas também uma das mais utilizadas pelas empresas que mais se dão bem nesses cenários. Em determinadas situações externas – por exemplo, uma pandemia –, temos pouco poder de mudança; contudo, nosso poder se define em fazer o que é possível, dados os recursos que temos em mãos. Para tanto, convido você a fazer o

AGILIDADE E ADAPTABILIDADE

seguinte exercício, proposto na matéria "Matriz de decisão para startups", publicado pelo site E-commerce Brasil:[9]

1. Escreva o problema de forma clara;
2. Relacione as alternativas de solução do problema a serem analisadas;
3. Escolha os critérios de avaliação das alternativas, colocando-os em ordem de importância. Atribua peso a cada um deles. Os pesos devem ser dados de acordo com o problema. Exemplo: 1 a 5 (os mais relevantes em relação ao problema recebem peso 5; os de menor importância, peso 1). Um critério deve ser algo que seja relevante a você. Os pesos indicam qual critério é mais importante que outro;
4. Construa uma matriz (ver tabela a seguir), inserindo nela as alternativas e os critérios em campos diferentes;
5. Compare cada alternativa com cada um dos critérios, atribuindo-lhe uma nota na proporção que atenda bem ou mal a cada critério. Para facilitar, pergunte: "A alternativa 1 vai me dar uma boa... (em relação aos critérios)?" e, assim, dê nota de 1 a 5 (caso a alternativa represente uma boa solução, dê nota alta; se for uma solução ruim, dê nota baixa);
6. Multiplique a nota de cada alternativa pelo peso de cada critério e obtenha a nota ponderada;
7. Some, para cada alternativa, todas as notas ponderadas obtidas;

---

[9] SIMÕES, Nôga. Matriz de decisão para startups. Ecommerce Brasil, 30 jan. 2018. Disponível em: https://www.ecommercebrasil.com.br/artigos/matriz-de-decisao-para-startups/. Acesso em: 17 set. 2020.

8. Verifique qual alternativa obteve o maior número de pontos: esta é a vencedora.

Para facilitar, a tabela a seguir ilustra como funciona a matriz de decisão para contratação de um software, por exemplo, tendo em vista que a alternativa 3 seria a mais benéfica nesse caso.

Critérios	Peso	Alternativa 1		Alternativa 2		Alternativa 3	
		Nota	Ponderação	Nota	Ponderação	Nota	Ponderação
Qualidade do suporte técnico	5	3	5 x 3 = 15	2	5 x 2 = 10	4	5 x 4 = 20
Experiência do fornecedor	4	3	4 x 3 = 12	3	4 x 3 = 12	4	4 x 4 = 16
Qualidade técnica do sistema	3	3	3 x 3 = 9	2	3 x 2 = 6	4	3 x 4 = 12
Preço do sistema	1	3	1 x 3 = 3	3	1 x 3 = 3	2	1 x 2 = 2
Facilidade de implantação	2	2	2 x 2 = 4	3	2 x 3 = 6	2	2 x 3 = 6
Total			43		37		56

Esta tabela está disponível em: https://blog.db1.com.br/matriz-de-decisao-para-startup/.

Por fim, quando chegar o momento de montar a sua matriz de decisão e definir os critérios, é necessário que você pense no **propósito** da sua empresa, ou seja, nos motivos pelos quais ela existe. Você deve imaginar qual foi a jornada da dor ao valor do cliente, e, por fim, é preciso buscar uma gestão pragmática, que não apenas entregue resultados significativos, mas que também esteja em sintonia com o propósito definido.

AGILIDADE E ADAPTABILIDADE

Faça as perguntas certas e use as armas de que dispõe quanto ao seu negócio para tomar as decisões certas, gerenciando indicadores, entendendo quais são seus impactos e o que você pode fazer para melhorar cada uma das situações cujas consequências podem ser controladas. É fundamental que você tenha ferramentas adequadas para tomar decisões baseadas em dados, deliberação e reflexão sóbria.

Lembre-se de que não existem balas de prata. Então, cada ação que você priorizar deverá contribuir, em algum nível, para que atinja algumas de suas diretrizes estratégicas. Em nosso negócio, nossas ações são como juros compostos: ao longo do tempo, o resultado é exponencial; então, sem ansiedade. Respire, cumpra a sua *to-do list* (lista de tarefas) e confie no processo.

A ESCOLHA DAS FERRAMENTAS CERTAS PARA VOCÊ

Agora é hora de falarmos sobre algumas ferramentas fundamentais para mim: modelos mentais, pensamento de segunda ordem e decisões reversíveis e irreversíveis.

Modelos mentais são conjuntos de ferramentas que traduzem nossa forma de entender o mundo. Não só moldam o que pensamos e como compreendemos o que está ao nosso redor como também dizem respeito às conexões e às oportunidades que vemos. Modelos mentais são como simplificamos as situações de complexidade e como priorizamos e listamos o que é ou não mais relevante. Quanto mais modelos tiver – ou seja, quanto maior for sua caixa de ferramentas –, maior será a probabilidade de você ter os modelos certos para ler e compreender a realidade, ainda mais em um momento de tantas incertezas.

O modelo mental passa pela sua história pessoal, pela sua cultura, pela linguagem e pelo sistema nervoso.[10] Uma das ferramentas mais "interiorizadas" dos nossos modelos mentais é, possivelmente, nossa especialidade. Se você, por exemplo, é engenheiro, é bem provável que todo o seu raciocínio passe por processos, precisão e lógica. Se é filósofo, sua forma de ver o mundo será muito diferente. É possível e recomendável ampliarmos nossos filtros estudando outros modelos mentais por meio da leitura e de estudos de outras áreas, da empatia e do autoconhecimento.

Os **pensamentos de segunda ordem** falam sobre a capacidade de conseguir ver além e pensar nas consequências de seus atos. Um pensamento de primeira ordem é rápido e fácil, e resolve problemas imediatos sem pensar nas consequências; já o pensamento de segunda ordem é mais complexo, porque o raciocínio passa por um período maior de amadurecimento e de mais questionamentos. Esse tipo de pensamento é mais sofisticado e muito importante para que você atinja um desempenho extraordinário no dia a dia, pois passará a enxergar coisas que outras pessoas não podem ver.

Há algumas formas de incluir o pensamento de segunda ordem em seus modelos mentais, e uma delas é perguntando-se: "E depois?". Ou seja, quais serão as consequências dessa decisão em 10 minutos? Em 10 dias? Em 10 meses? Em 1 ano? Em 10 anos? Essa é a maneira mais segura e elaborada de tomar decisões, principalmente em épocas de crise.

Por fim, as **decisões reversíveis versus irreversíveis** dizem respeito ao ato de pensar, antes de cada decisão, se essa é

---

10 O QUE é modelo mental? *Instituto Brasileiro de Coaching*, 17 jul. 2019. Disponível em: https://www.ibccoaching.com.br/portal/o-que-e-modelo-mental/. Acesso em: 14 set. 2020.

AGILIDADE E ADAPTABILIDADE

uma questão que requer ou não grande reflexão; algo que pode ajudar muito na priorização do que é mais importante ou não e quanto de energia despender em uma tomada de decisão. A decisão é reversível? Então, podemos tomá-la rapidamente e sem informações detalhadas. É irreversível? Nesse caso, a melhor solução é postergarmos o processo para garantir que levamos em consideração informações amplas e compreendemos o problema o mais detalhadamente possível. Lembrando, contudo, que as decisões reversíveis não são uma desculpa para agir com imprudência.

Use e abuse todos os dias dos modelos mentais, dos pensamentos de segunda ordem e das decisões reversíveis e irreversíveis para ter mais eficiência e assertividade em suas decisões.

AVALIAÇÕES, RUÍDOS, CONTROLE E COMUNICAÇÃO: UM MANUAL DE GUERRA PARA LEVAR CONSIGO DIARIAMENTE

Além da necessidade de gastar mais tempo e energia na tomada de decisão, todo empreendedor e gestor precisa estruturar um plano para proteger seu negócio e seu time diante de situações adversas. Veremos, a seguir, uma lista de estratégias que funcionam bastante comigo e que podem ajudar você.

1. **Apure os fatos.** Como gestor, você precisa estar atento aos fatos para apurar as informações (acontecimentos e fatos reais e relevantes) de ruídos (informações de pouca relevância, ou falsas) e adaptar seu plano às observações que fizer em relação às informações levantadas. Depois do plano estabelecido, revise-o diariamente, entenda se ele faz sentido e não tenha medo de fazer ajustes finos,

sempre que achar necessário, para que ele permaneça coerente e relevante para o momento.

2. **Avalie a situação atual.** Se não o fez ainda, avalie imediatamente e reveja todos os contratos, seja de recebimentos ou pagamentos (entrada ou saída de receita), dividindo seu plano de ação em duas partes: para os contratos que geram receita e para aqueles que geram despesas. No caso dos primeiros, o objetivo é que sejam sempre cumpridos e que você consiga manter seus clientes. E seja criativo: ofereça condições de pagamento diferenciadas, serviços extras de baixo custo etc. Já para os segundos, é preciso ter cuidado e manter sempre um olhar atento. Avalie todos eles e busque renegociar prazos e valores, se necessário, dependendo da sua situação atual. Os contratos que geram despesas precisam ser sempre considerados quando analisamos o fluxo de caixa da empresa.

3. **Modo sobrevivência.** Em períodos de crise, assuma que as coisas serão piores que o esperado. Nesse momento, o melhor a fazer é entrar no modo sobrevivência. Tenha em mente que crises podem durar meses e que a receita do seu negócio pode chegar a zero. Assumir o modo sobrevivência fará com que você consiga pensar em novas estratégias e se manter por mais tempo durante a "tempestade".

4. **Monte uma "sala de guerra" com o time de liderança.** A comunicação é um passo fundamental para que o negócio prospere; por isso, repasse semanalmente, com os líderes, o cenário do momento, as ações planejadas, o impacto delas no dia a dia, e estabeleça novas ações a serem implementadas. Se a situação for de crise, não é hora de pensar

AGILIDADE E ADAPTABILIDADE

em planos de expansão, mas, sim, em ações que lhe permitam atravessar o momento atual do mercado.

5. **Comunicação clara, transparente e eficiente.** Independentemente do cenário, estabelecer uma comunicação clara, transparente e eficiente com funcionários, clientes, parceiros e fornecedores é essencial. Utilize sempre as diretrizes: a) entenda os fatos e seus impactos; b) mensure os desdobramentos e crie uma comunicação efetiva sobre eles; c) construa uma comunicação proativa em relação a possíveis medidas de contenção, correção, contingência e reparação; d) crie planejamento de ações de curto (um a três meses), médio (três a seis meses) e longo (superior a seis meses) prazos e comitês de reavaliação periódica; e) realize implementação rápida das ações de curto prazo. Como diz o ditado: "Mais vale um fim horroroso que um horror sem fim", ou seja, melhor implementar ações dolorosas de uma vez só que tomar medidas "parciais". No fim, o impacto acaba sendo maior ao fazê-lo.

6. **Proteja seu caixa.** Esse ponto é imprescindível para todos os momentos, sobretudo quando estamos falando de uma crise instaurada. Assim, defina um valor mínimo que você precisa ter em caixa e comprometa-se a nunca ter menos que esse valor no banco. Pense em estratégias para mantê-lo sempre estável e siga em frente. Proteger o caixa trará tranquilidade para o momento e fará com que saiba como é a situação atual e quanto você conseguirá se manter durante os períodos ruins.

7. **Avalie se vale a pena manter o home office.** No início de 2020, por causa da pandemia, muitas empresas optaram pelo trabalho remoto parcial ou total para sua equipe.

TALLIS GOMES

SEI QUE EXISTEM CRISES SEM PRECEDENTES E DE PROPORÇÕES GIGANTESCAS, PORÉM SEMPRE É POSSÍVEL ADMINISTRAR OS DANOS E APRENDER COM ELES.

Cabe pensar como serão os próximos passos e se vale a pena manter ou não o home office definitivamente. O home office traz desafios do ponto de vista operacional, humano e de cultura organizacional, entretanto é um modelo que está sendo repensado e foi muito aceito em diversas empresas. Ele pode proporcionar maior flexibilidade entre os funcionários e, com algumas limitações, permitir que o trabalho seja feito de maneira mais produtiva. Avalie se vale a pena manter o home office em sua empresa e se essa adaptação faz sentido para você e para aqueles que estão ao seu lado. Alguns líderes ainda estão discutindo os melhores caminhos e a possibilidade de um modelo híbrido, dependendo das características de cada negócio. De qualquer forma, as questões relacionadas às equipes são uma das mais complexas e exigem estudo e reflexão. Por isso, discuta internamente e pense bastante antes de tomar decisões, visto que o home office é realidade para muita gente em todo o mundo, e várias ferramentas têm se provado muito eficientes para o trabalho remoto.

AGILIDADE E ADAPTABILIDADE

MARKETING E NOVOS CANAIS DE VENDA

Outro ponto importante no seu negócio é refletir sobre a estratégia de marketing e novos canais de venda. Se você ainda não está acompanhando isso de perto, sugiro que comece amanhã mesmo. Não apenas os canais off-line, mas aqui me refiro também ao que encontramos nos on-line: o digital faz parte do novo modelo-base de estruturação do departamento de marketing e vendas. Hoje, é possível pensar em vendas por WhatsApp, botão de compra no Instagram e no Facebook, entre outras formas. Além disso, você pode criar um e-commerce ou se cadastrar em *marketplaces* para a venda de seus produtos. Em março e abril de 2020, mais de 107 mil lojas virtuais foram abertas no Brasil.[11] E as vendas on-line saltaram 71% entre fevereiro e maio de 2020 em comparação a 2019.[12] Existe uma parcela de vendas on-line acontecendo, e você não pode deixá-la de lado, certo?

No funil de vendas do cliente, penso que há cinco objetivos fundamentais para nortear as decisões de marketing: 1) reter os clientes atuais; 2) aumentar o percentual de vendas para quem já está fidelizado; 3) ajudar a converter os *leads* que seu negócio já possui; 4) adquirir novos *leads* e atrair clientes que nunca tiveram contato com seu negócio; e, por fim, 5) criar uma comunidade sustentável, na qual você crie embaixadores e fãs da sua marca.

---

[11] COM pandemia, Brasil registra abertura de mais de uma loja virtual por minuto. *Época Negócios*, 5 jun. 2020. Disponível em: https://epocanegocios.globo.com/Economia/noticia/2020/06/epoca-negocios-com-pandemia-brasil-registra-abertura-de-mais-de-uma-loja-virtual-por-minuto.html. Acesso em: 14 set. 2020.

[12] QUARENTENA acelera crescimento do e-commerce no Brasil. *Mercado & Consumo*, 12 jun. 2020. Disponível em: https://www.mercadoeconsumo.com.br/2020/06/12/quarentena-acelera-crescimento-do-e-commerce-no-brasil/. Acesso em: 14 set. 2020.

O PONTO PRINCIPAL É SEMPRE ESTAR SE ATUALIZANDO QUANDO O ASSUNTO É MARKETING E CANAIS DE VENDA.

Assim, leve sua mensagem ao seu público, aproveite os canais orgânicos, gere audiência com as ferramentas gratuitas disponíveis e produza conteúdo de qualidade diariamente. Mas qual conteúdo? Estamos falando de redes sociais, *lives*, vídeos, livros, *podcasts* ou artigos. Não importa o meio: entenda quais conteúdos seu público consome e faça uso dessa facilitação. Outra estratégia interessante são as parcerias com influenciadores, que podem ser feitas de maneira orgânica (pelo envio do seu produto como brinde especial) ou paga (pelo envio do seu produto com um acordo de investimento para que o influenciador o divulgue). É um caminho que pode levar mais tempo para se consolidar, mas é muito consistente.

O ponto principal é sempre estar se atualizando quando o assunto é marketing e canais de venda. Esse departamento e essa estratégia fazem parte do ponto-chave quando o assunto é crescimento e adaptação.

Sei que existem crises sem precedentes e de proporções gigantescas, porém sempre é possível administrar os danos e aprender com eles. Sempre saímos mais fortalecidos depois de um grande estresse. Por isso, de novo: não se desespere nem

AGILIDADE E ADAPTABILIDADE

tome decisões apressadamente. Use este guia sempre que tiver dúvidas ou questionamentos. Volte a ele, use-o como um amigo e lembre-se: é preciso se aprimorar diariamente para que você possa passar de maneira mais leve por situações adversas. O conhecimento é chave para os momentos difíceis, pois fará com que você esteja mais preparado, mais adaptado e, consequentemente, tenha soluções melhores para cada situação. O aprimoramento é o caminho mais seguro que precisamos percorrer para nos mantermos vivos no jogo. O importante é sobreviver! E garanto: você verá que sairá mais fortalecido, mais confiante e maduro de qualquer situação. Não desista. Foque no que importa e siga em frente!

CAPÍTULO 2

O ROCK SALVOU A MINHA VIDA

Em um país como o Brasil, em que existe uma demonização do empreendedor, é muito comum ouvir clichês que desvalorizam as conquistas daqueles que são o motor de qualquer nação, nós, os empreendedores. Muitos podem até acreditar que existe um atalho para o sucesso, uma bala de prata, uma receita pronta. A má notícia é que isso não existe. Empreender é uma atividade extremamente arriscada em que você aposta – literalmente – a própria vida para gerar empregos e entregar valor à sociedade. É claro que alguns empreendedores até conseguem trilhar um caminho mais simples porque tiveram a sorte de nascer em famílias abastadas e/ou influentes ou porque se aproveitaram

VOU LHE CONTAR O CASO DE UM GAROTO POBRE QUE NASCEU NA ROÇA E CRESCEU EM UMA FAMÍLIA DESFEITA, MAS QUE SE TORNOU MULTIMILIONÁRIO FAZENDO AQUILO QUE MAIS AMA: GERAR EMPREGOS POR MEIO DA INOVAÇÃO. NÃO É CONTO DE FADAS, É TRABALHO DURO.

da ajuda de um burocrata do Estado para facilitar o caminho. Esse, definitivamente, não é meu caso.

Nas próximas páginas, vou lhe contar o caso de um garoto pobre que nasceu na roça e cresceu em uma família desfeita, mas que se tornou multimilionário fazendo aquilo que mais ama: gerar empregos por meio da inovação. Não é conto de fadas, é trabalho duro. Com este livro, quero que todos aqueles que desejam empreender tenham acesso a um guia prático de como criar uma empresa e fazê-la escalar (aumentar os ganhos sem aumentar os gastos). Depois de ter levado a Easy Taxi para 35 países em quatro continentes, com 420 escritórios ao redor do mundo, acabei colecionando um conjunto de erros e acertos que se transformou em um grande aprendizado. E é isso que vou dividir com você a partir de agora.

Atenção: se você busca um daqueles livros bonitinhos que dizem que para empreender basta "seguir os seus sonhos", é melhor parar de ler agora e procurar algum blog de empreendedor de palco. Aqui, vamos falar a verdade e mostrar o dia a dia real de quem construiu um dos maiores cases de tecnologia do mundo. E posso garantir: não tem nada de bonitinho nesta história, ao contrário, tem muito trabalho, muito aprendizado e, principalmente, muito risco.

A estrada que trilhei, antes de me tornar fundador da Easy Taxi e, agora, da Singu, *marketplace* de serviço de beleza e bem-estar que atende dezenas de milhares de pessoas por mês, foi cheia de obstáculos, curvas e pedras – os quais foram muito importantes para que eu me tornasse o empreendedor que sou hoje. E é assim que quero começar a minha história. Para que eu consiga ajudá-lo a empreender, você precisa entender de onde eu vim – e perceber que, embora seja um clichê, é possível começar de baixo e ter sucesso. Para isso, (insira aqui sua frase de clichê motivacional favorita). Ahá! Você esperava que eu dissesse "não existe caminho fácil". No entanto, vou lhe dizer que não existe fórmula mágica – sempre desconfie das fórmulas mágicas. No mundo real, o que existe é um conjunto de aprendizados que vou compartilhar com você e que aumentará substancialmente as suas chances de obter o verdadeiro sucesso.

O COMEÇO

Nasci em Carangola, cidade mineira, hoje, com aproximadamente 32 mil habitantes. Vim de uma família bem humilde. Meu pai era policial militar e minha mãe, cabeleireira. No entanto, a minha vida era um inferno. Minhas primeiras memórias remetem a uma casa com violência doméstica, autoritarismo paterno e infidelidade materna. Até que, um dia, tudo isso acabou. Quando eu tinha uns 5 anos, minha mãe abandonou a mim e a meu pai. Ela subiu na boleia de um caminhão e foi para o interior da Bahia recomeçar a vida. O meu pai, um cabo da polícia militar e, portanto, muito pobre, pediu que a minha avó me criasse. Ela aceitou. O patrão de minha avó, que era empregada doméstica, acolheu-me. E, assim, fui morar com o Jorge Rocha. Cresci na casa dele, que era meu padrinho de batismo – embora eu sempre o chamasse de vô –, e ele se responsabilizou pela minha educação.

O vô era muito inteligente. Contador aposentado do Estado e veterano do Exército (lutou pelo Brasil na Segunda Guerra Mundial), tinha um bom capital acumulado e fazia negócios na cidade. Graças a ele, consegui estudar em um colégio católico de

Carangola, mas eu sofria bastante preconceito porque não era fácil ser filho de pais separados em uma cidade muito religiosa.

Então, cresci e enfrentei, aos poucos, as dificuldades. Embora meu avô garantisse uma estabilidade financeira, não consegui nada de graça – nada foi fácil na minha vida. Quando me tornei adolescente e queria comprar coisas, meu avô me falava: "Você precisa construir o seu próprio caminho, o que será de você na minha ausência, Tallis?". Isso ficou na minha cabeça. Eu entendi que precisava construir a minha própria sorte desde sempre, que não poderia contar com ajuda familiar, tampouco com herança. Aquela frase me mostrou que eu tinha pouco tempo para garantir aquela oportunidade que a vida havia me dado: de ter o vô me ajudando em uma fase crucial da minha vida.

Sempre soube que queria fazer algo grande, mas não tinha certeza do que seria. Por algum tempo, cheguei a sonhar em entrar para o Exército e ser atirador de elite de um grupo especial – tanto que, entre muitas outras peripécias, eu costumava roubar a arma do meu avô, às vezes, e me exibir para meus amigos acertando garrafinhas de água a distância. Desde cedo, sempre gostei muito de armas.

Ao mesmo tempo, eu gostava de política e filosofia, e tinha vontade de me tornar um líder, posição que sempre exerci em times de futebol, ou como representante de turma, por exemplo. O empreendedorismo, que surgiu por necessidade, conforme vou explicar nas próximas páginas, acabou conectando todos esses meus anseios.

Aos 14 anos, porém, eu não sabia disso. Naquela época, o empreendedorismo apareceu como solução prática para um problema real: eu queria comprar uma bateria. Alguns amigos e eu tínhamos uma banda e, embora estudássemos em um colégio de freiras, conseguimos que as irmãs liberassem um palco para que fizéssemos uma apresentação no fim do ano. Você imagina uma banda tocando Nirvana em uma escola religiosa? Pois é.

Enfim, a banda estava com um problema. O cara que alugava a bateria para os nossos shows nos disse que uma das peças do instrumento estava quebrada e que não poderia nos emprestar a não ser que pagássemos o conserto, mas isso sairia muito caro. Então, tivemos uma ideia: por que nós mesmos não compramos uma bateria? Assim, começamos a discutir como poderíamos conseguir dinheiro. Foram várias ideias. Pensamos em entrar para a guarda mirim – um emprego local remunerado e meio parecido com o Menor Aprendiz de hoje; pensamos também em vender picolés, em alugar o carrinho de um dos vendedores e ficar com parte do lucro, mas teríamos de vender sorvete o resto da vida para comprar a bateria... Não era esse o caminho. Depois de muito conversar com meus amigos, fui para casa e continuei pensando.

SOLUÇÃO INUSITADA

Estávamos no ano 2000 e eu já era muito ligado na internet. Adorava ficar on-line, mexendo em programas e hackeando computadores de amigos. Lembro-me até hoje de uma reportagem da revista Veja sobre os milionários do Vale do Silício e do boom da internet que me impressionou muito. A semente da tecnologia já estava plantada em mim. No entanto, naquele momento, só pensava em como comprar a bateria.

Certo dia, eu me dei conta de que o Mercado Livre, que estava começando aqui no Brasil, podia ser uma opção. Eu não tinha nada para anunciar no site, mas tinha a sensação de que o pessoal de Carangola, que não conhecia a plataforma, se interessaria por comprar produtos mais baratos. Naquela época, todo mundo queria – como hoje – comprar celulares legais. Os mais bacanas eram aqueles com câmera, da Motorola. Então, veio o insight: e se eu começasse a intermediar as vendas dos celulares do Mercado Livre para o pessoal da minha cidade? A estratégia era bem simples: eu tirava *printscreen* da tela com a oferta do site, imprimia e saía à procura de compradores. Para ter lucro, eu alterava o preço do celular para que custasse 25% mais caro do que o da oferta on-line. Mesmo assim, o valor era bem mais baixo do que o de um aparelho novo.

Então, começava o meu périplo: batia de porta em porta na casa de pessoas que eu sabia que tinham dinheiro para comprar um celular. Quando fechava uma venda, eu comprava o celular on-line e colocava o endereço do meu cliente para a entrega. Comecei a ficar conhecido em Carangola como "o cara do celular". Segui o conselho do meu avô e pedia que as pessoas depositassem antecipadamente em minha conta o valor do celular. Em pouco tempo, tinha levantado o dinheiro para comprar a bateria da banda. Contudo, o mais importante não foi a grana, mas a sensação boa, a adrenalina de ter criado um negócio próprio.

A venda de celulares continuou mesmo depois de ter conseguido o capital para adquirir a bateria. Carangola, porém, estava ficando pequena demais para o meu negócio e eu comecei a viajar de ônibus para outras cidades com o objetivo de fechar vendas. Confesso que cheguei até a matar umas aulas da escola para fazer isso. Fiquei uns dois ou três anos nessa e esse período foi crucial para a minha trajetória, porque, naquela época, ainda adolescente, comecei a desenvolver competências que, depois, foram importantíssimas para o meu crescimento como empreendedor. A mais óbvia foi a habilidade de vender e negociar com os clientes – algo crucial para qualquer um que quer ter o próprio negócio. Aprendi a vender meio na marra. Afinal, as pessoas tinham muita desconfiança. Eu era um moleque vendendo a promessa de um celular (não tinha o aparelho físico nas mãos) em uma época em que o e-commerce engatinhava no Brasil.

O que me ajudou nessa fase foi o endosso do meu avô, figura conhecida e respeitada na cidade e na região. Se eu não fosse o neto do Jorge, certamente teria tido mais dificuldades. De qualquer maneira, tive de gastar muita lábia para convencer as pessoas a fechar compras. Foi essencial ter tido esse aprendizado tão cedo, bater de porta em porta e tirar leite de pedra para converter uma venda, porque, independentemente do negócio em que quer atuar, você terá de vender a sua ideia. E sobre isso vamos discutir com profundidade nos próximos capítulos.

O mais importante para a minha vida nesse momento, porém, não foi começar a me tornar um bom vendedor, mas o aprendizado de que eu poderia ganhar dinheiro ao aplicar uma ideia que, no início, pareceria meio maluca, mas ninguém tinha pensado antes. Então, veio a certeza de que eu me tornaria empreendedor e trabalharia com coisas que eram, a princípio, impossíveis – como a Easy Taxi, por exemplo, que fundei aos 24 anos. Essa história vou lhe contar nas próximas páginas. Se não fosse aquela bateria, não sei se teria tido essa confiança sobre o caminho que queria trilhar tão cedo. O rock mudou a minha vida.

SENSO DE RESPONSABILIDADE

O empreendedorismo e a vontade de inovar já corriam nas minhas veias. Contudo, quando eu tinha 15 anos, algo direcionou os meus passos: eu me tornei pai. Engravidei minha namorada à época, que estava com uns 18 anos, e isso aumentou muito o meu senso de responsabilidade. Por mais que tivesse suporte de meu avô, eu era pai e precisava fazer as coisas acontecerem para sustentar a minha própria família. Essa situação me deu um senso de dever que meus amigos não tinham e eu me empenhei ainda mais nos estudos. Estudei em Carangola até os 16 anos e, então, com o dinheiro que juntei da venda de celulares, consegui me mudar para Juiz de Fora, cidade um pouco maior e com mais estrutura educacional, para terminar a minha formação do Ensino Fundamental (antigo primeiro grau).

Eu levava os estudos a sério e, quando me formei no Ensino Médio, veio aquela dúvida: o que vou fazer da vida? Eu já tinha a sensação de que o meu caminho estaria no empreendedorismo, mas era hora de escolher uma faculdade e me decidi pela publicidade porque eu gostava muito de ler artigos e livros relacionados a marketing. Entrei em uma faculdade em Muriaé (MG), mas percebi que não era bem aquilo que eu queria. Pesquisando, descobri que a ESPM tinha um bom curso de marketing, que era do que eu realmente gostava. Batalhei para entrar lá e, com a ajuda do meu avô, mudei-me para o Rio de Janeiro.

As coisas estavam dando certo, eu adorava o curso e, em 2006, surgiu uma oportunidade importante: fazer um semestre da faculdade na África do Sul, o que ajudaria a melhorar meu inglês. Fui um dos alunos selecionados e viajei. Foi tudo muito legal e eu estava superfeliz, mas, um dia, recebi um telefonema que mudou o rumo da minha vida. Meu avô me ligou para dizer que estava com problemas financeiros e não conseguiria mais me bancar. Não era uma questão fácil de resolver. Ele estava quebrado. Voltei logo para o Brasil para ajustar as coisas.

O ROCK SALVOU A MINHA VIDA

Eu não tinha condições de pagar a faculdade, e o mais urgente, naquele momento, era conseguir dinheiro.

Com isso em mente, comecei a procurar estágio – o tipo de emprego que eu poderia ter à época. Consegui uma vaga no Grupo Severiano Ribeiro, empresa do setor de cinema que cuida do selo Kinoplex no Brasil, o que me deu um pouco de alívio. No entanto, só a bolsa-auxílio não era suficiente. Afinal, eu tinha uma filha para criar, uma faculdade para pagar e as despesas com aluguel e minha casa. Foi um momento bem difícil. Tive de me virar para arrumar dinheiro e fazia todo tipo de atividade que rendesse uma grana extra; aceitava até distribuir flyer em frente de festas e estacionar carros em restaurantes. Quaisquer 50 reais já valiam. Eu não desistiria de meu objetivo porque a grana estava curta. Queria me formar e fazer minha vida acontecer. Era só correr atrás.

ESPÍRITO INOVADOR

Preciso contar uma coisa para você. Não importa o momento de vida, todo inovador é um pouco sem noção. Eu sempre fui sem noção. Um dos momentos que me mostraram que a falta de limites podia me levar para longe aconteceu quando eu era estagiário de marketing no Grupo Severiano Ribeiro. Estávamos em 2007 e o Twitter começava no Brasil. As pessoas ainda não usavam essa rede social, as marcas não sabiam direito para que ela servia e ninguém entendia muito bem como atuar de maneira construtiva por ali.

Eu, no entanto, tinha a sensação de que o Twitter era um ótimo local para fazer marketing, afinal lia e acompanhava as novidades tecnológicas. Tentei, então, convencer meu gerente a criar um canal no Twitter para o grupo. Tive a sorte de ele ser uma pessoa muito aberta, que sempre estimulava ideias e me fazia participar de novos projetos da área. Contudo, mesmo com essa postura, minha sugestão não foi aceita.

A empresa, mais tradicional, era um pouco receosa em apostar em novos canais e preferia continuar com as estratégias de marketing tradicionais, como rádio, jornal e televisão. Eu ouvi o *não* do meu chefe, mas não aceitei. Estávamos prestes a lançar um filme da Hannah Montana que, na época, era uma febre entre as meninas. Então, vi a oportunidade de trabalhar algo do grupo no Twitter, mesmo contra a orientação geral.

Criei uma conta com o meu e-mail particular e lancei uma promoção que sortearia um ano de cinema grátis para um dos seguidores se, em cinco dias, atingíssemos a marca de 5 mil pessoas. Esse era um número muito alto na época e eu nunca acreditei que o alcançaríamos. Entretanto, a cada dia, a quantidade de seguidores aumentava, o que começou a me dar calafrios... Eu teria de contar para meu gerente que presentearíamos um seguidor com um ano de cinema grátis porque havia criado um perfil da marca no Twitter – para o que, como você sabe, eu não tinha autorização.

Embora eu seja sem noção, tenho senso de responsabilidade. Então, chamei meu chefe e contei a história toda. Levei uma bronca daquelas. Ele disse que estava muito decepcionado comigo, que eu poderia ser demitido por ter tomado uma decisão que não cabia a mim, mas que honraria a promessa que eu havia feito.

Eu corri um risco muito sério, mas não só mantive meu emprego, como provei para a empresa o meu ponto de vista: o Twitter é um ótimo canal para marketing. Se eu não tivesse sido sem noção em 2007, provavelmente, a empresa demoraria a usar essa rede social

O ROCK SALVOU A MINHA VIDA

e não teria tantos seguidores – para você ter uma ideia, em 2017, ano em que escrevo este livro, o Kinoplex tem quase 94 mil seguidores no Twitter.

Essa experiência no Grupo Severiano Ribeiro me marcou bastante, porque foi um dos primeiros momentos em que tive de correr um grande risco em prol de uma ideia de negócio que eu considerava importante. Foi o primeiro momento, na minha vida adulta, em que tive de convencer as pessoas de que, para inovar, é preciso romper barreiras – e que, muitas vezes, essas barreiras, na verdade, existem apenas no modo como encaramos o mundo.

A partir dessa experiência, comecei a confiar ainda mais em mim mesmo e percebi que não é porque os outros dizem que algo vai dar errado que isso seja necessariamente ruim para você. Passei por isso em vários momentos da minha carreira, tanto como empregado (em empresas como Unilever e Ortobom), quanto como empreendedor (na E-Spartan, TechSamurai, Easy Taxi e Singu) – histórias que eu vou contar para você nas próximas páginas.

Meu objetivo neste livro é muito simples: mostrar que qualquer um pode empreender. O meu exemplo confirma que essa frase, muito repetida por aí, é verdadeira. Eu comecei por baixo, fiquei várias vezes sem grana, cometi muitos erros, tive ideias que ninguém comprou de primeira e tive de me superar várias e várias vezes. Toda essa experiência me ajuda a ter boas ideias para compartilhar – e o mais legal é que este livro é fruto de uma construção coletiva.

Os próximos capítulos são o resultado de discussões que tive com meus seguidores em webinars exibidos nos meses de fevereiro e março de 2017, os quais organizei para tentar entender quais são suas ansiedades, suas vontades e seus medos. Com isso, quero dizer que tudo o que escrevi aqui, ou quase tudo, foi coletado com pessoas como você, que quer empreender, mas não sabe como. Portanto, se este livro não solucionar suas dúvidas, queime cada página. Usar este material para se aquecer provavelmente será melhor do que guardar um monte de palavras amontoadas em uma pilha de papel.

TESTE
PENSE NO FUTURO

Este exercício é para você refletir sobre seus próximos passos.

1. Imagine você daqui a cinco anos. Onde você imagina estar ao final desse período?

_____

_____

_____

2. Liste os cinco resultados-chave que precisa atingir para alcançar esse objetivo e coloque, ao lado de cada um deles, um deadline. Assim, você vai se comprometer com a meta.

A. _____

B. _____

C. _____

D. _____

E. _____

3. Volte a esta página toda vez que atingir um resultado-chave e risque-o da sua lista.

CAPÍTULO 3

COMO TER UMA IDEIA VIÁVEL

Comecei a Introdução deste livro com uma verdade dura: empreender não é fácil, principalmente no Brasil. Os empecilhos são gigantes: o país tem uma das maiores cargas tributárias do mundo (e talvez a pior relação retorno × investimento), o Estado é ineficiente e corrupto, pois beneficia apenas aqueles que investiram na escalada ao poder de seus burocratas e, de quebra, há uma demonização da meritocracia, a qual está enraizada em nossa cultura. Essas características tornam o ambiente de negócios muito difícil.

Depois de ter trabalhado em mais de 35 países com a Easy Taxi, posso afirmar que em nenhum lugar senti tanta dificuldade como aqui no Brasil. Para entender como esse cenário é sério, basta ana-

COMO TER UMA IDEIA VIÁVEL

lisar nossa posição no ranking da Heritage Foundation. A instituição produz, há vinte anos, um índice de liberdade econômica que avalia 186 nações em quesitos como liberdade fiscal, corrupção, liberdade trabalhista e incentivo ao empreendedorismo. Em 2016, o Brasil foi classificado para a posição 122, atrás de nações como Mali, Gâmbia, Nigéria e Honduras. Nosso status, de acordo com a organização, é *mostly unfree*, ou seja, estamos na lista das nações com pouquíssima liberdade econômica.[13] Além disso, o cenário é ruim até quando nos comparamos com a América Latina – o Chile, por exemplo, está em sexto lugar geral no ranking da Heritage.

Mesmo assim, com todos os ventos soprando na direção contrária, tem muito brasileiro como eu – e você – que quer empreender. Em 2015, de acordo com um estudo do Global Entrepreneurship Monitor (GEM), a taxa de empreendedorismo em nosso país foi a maior em comparação com os 14 anos anteriores e chegou a 39,3,%.[14] O interessante é que os pesquisadores do GEM descobriram que a maioria dos empreendedores – 56% – que abriram ou estão prestes a abrir um negócio o faz não por necessidade de sobrevivência, o que seria totalmente compreensível tendo em vista o momento de crise pelo qual nossa economia passa, mas porque encontraram uma oportunidade. Isso é bom. No entanto, muita gente encontra a oportunidade e não consegue colocar a ideia em prática. É exatamente esse ponto que vou analisar nas próximas páginas. Juntos, vamos entender como tornar uma ideia viável.

---

13 HERITAGE. 2016 Index of Economic Freedom – Brazil. Disponível em: http://www.heritage.org/index/pdf/2016/countries/brazil.pdf. Acesso em: 20 set. 2020.
14 GEM. Empreendedorismo no Brasil. 2015. Disponível em: http://www.bibliotecas.sebrae.com.br/chronus/ARQUIVOS_CHRONUS/bds/bds.nsf/c6de907fe0574c8ccb36328e24b2412e/$-File/5904.pdf. Acesso em: 20 set. 2020.

ALGUÉM ESTÁ RESOLVENDO ESSE PROBLEMA?

Nas conversas que tenho com quem está pensando em ter o próprio negócio, uma das dúvidas mais comuns é a seguinte: "Quero empreender, mas não sei por onde começar". O processo do empreendedorismo – e da inovação no empreendedorismo – é mais simples do que muita gente imagina. Basicamente, o que é preciso para uma ideia viável que lhe permita abrir uma empresa é, em primeiro lugar, pensar em um problema que ninguém resolveu ainda.

Isso aconteceu algumas vezes ao longo da minha trajetória – e não só como empreendedor. Quando eu ainda não tinha fundado a Easy Taxi, trabalhei em algumas empresas. Uma delas foi a Ortobom, do ramo varejista de colchões. Em 2010, fui convidado para ajudar a companhia a estruturar a área de marketing digital. Naquele momento, eu queria me estabelecer financeiramente e a proposta poderia me ajudar a agregar conhecimentos importantes. Aceitei.

Então, comecei a pensar nos problemas que a área digital poderia resolver no mercado de colchões. Formulei uma hipótese: sair de casa para comprar colchão é meio chato. O pessoal jovem, como eu na época, não teria paciência nem tempo para visitar um monte de lojas e escolher o colchão ideal. Pensei, então, se não poderíamos criar um e-commerce de colchões. Resolveria o problema desse nicho de mercado que não tem paciência nem tempo para fazer compras nas lojas físicas.

Fiz, assim, a proposta para a diretoria. É lógico que me chamaram de louco. No entanto, argumentei que muitos jovens não querem sair para fazer compras desse tipo e que estão dispostos a arriscar comprando um colchão em que nunca tocaram. Eu até entendia o receio deles e, para convencê-los, expliquei o conceito de *long tail*, ou

COMO TER UMA IDEIA VIÁVEL

cauda longa, em português, sobre o qual tinha lido em uma reportagem da revista norte-americana Wired, assinada pelo jornalista Chris Anderson,[15] e que depois se transformou no livro A cauda longa.[16] É importante entender esse conceito, pois explica muito sobre o mercado das startups que dão certo. Para entender a cauda longa, vamos dar uma olhada no diagrama a seguir:[17]

O novo marketplace

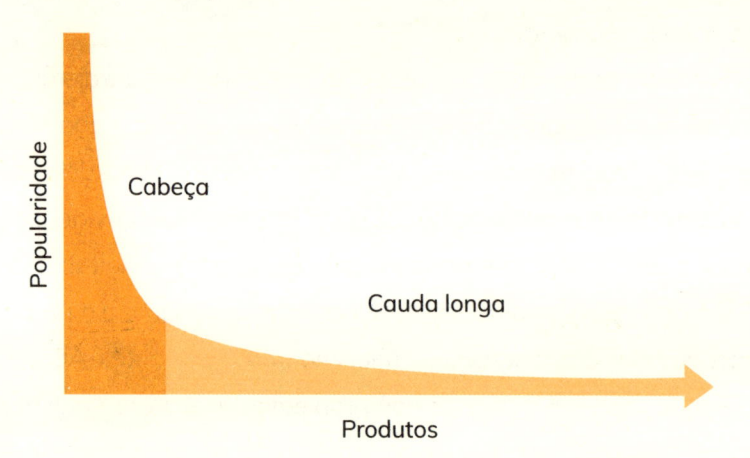

[Gráfico: eixo vertical "Popularidade", eixo horizontal "Produtos", com uma curva decrescente mostrando "Cabeça" à esquerda e "Cauda longa" à direita]

A imagem mostra que, embora exista uma cabeça em que se vende muito de determinado produto, a cauda longa, em que se vende menos de mais produtos, é infinita. Chris Anderson explica seu conceito assim:

---

15 ANDERSON, Chris. The long tail. Wired, out. 2014. Disponível em: http://web.archive.org/web/20041127085645/http://www.wired.com/wired/archive/12.10/tail.html. Acesso em: 20 set. 2020.
16 A CAUDA longa – Por que o futuro dos negócios é vender menos de mais produtos. Coimbra: Actual, 2007.
17 ANDERSON, Chris. The Long Tail, in a nutshell. Disponível em: http://www.thelongtail.com/about.html. Acesso em: 26 fev. 2017.

O QUE É PRECISO PARA UMA IDEIA VIÁVEL QUE LHE PERMITA ABRIR UMA EMPRESA É, EM PRIMEIRO LUGAR, PENSAR EM UM PROBLEMA QUE **NINGUÉM RESOLVEU AINDA.**

COMO TER UMA IDEIA VIÁVEL

A economia de varejo tradicional prega para que as lojas armazenem somente os campeões de vendas, porque o espaço da prateleira é caro. Mas os varejistas on-line (da Amazon ao iTunes) podem armazenar praticamente tudo e o número de produtos de nicho disponíveis ultrapassa em uma magnitude espantosa o número dos campeões de vendas. Esses milhões de nichos disponíveis são a cauda longa, que tinha sido largamente negligenciada até recentemente em favor da cabeça curta formada pelos produtos mais vendidos.

Quando os consumidores podem fazer uma escolha infinita, a verdadeira forma da demanda é revelada. E essa demanda é menos concentrada nos mais vendidos do que pensávamos. As pessoas gravitam em direção a nichos porque eles satisfazem melhor seus interesses mais específicos, e, em um aspecto de nossa vida ou de outro, todos temos algum interesse específico.[18]

Com esse raciocínio, consegui emplacar minha ideia do e-commerce da Ortobom. Naquela época, porém, fazer um e-commerce era bem caro e custaria, em média, uns 350 mil reais. Eles me deram uma verba três vezes menor que a necessária e só me deixaram construir o projeto porque eu coloquei meu emprego à disposição se a coisa não desse certo. Com a ajuda de um amigo, o Bernardo Bicalho, construí o site e resolvi um problema – tanto que, até hoje, a Ortobom tem seu e-commerce, fundamental nas vendas.

Contei essa história para mostrar que ideias viáveis e inovadoras aparecem mesmo se estivermos empregados. Esses mo-

---

18 Ibid. (Tradução nossa.)

mentos são importantes para quem quer se tornar empreendedor, pois você aprende a inovar sem correr tanto risco, afinal, tem o aparato de uma companhia por trás.

Nesse meio-tempo, na Ortobom, eu já estava de novo inquieto, pensando em empreender, em fazer alguma coisa minha. Parece que a minha vida é uma bicicleta: se eu paro de pedalar, caio. Já estava me cansando de trabalhar para os outros – embora as tarefas na Ortobom fossem interessantes, o meu salário fosse alto em comparação com o dos meus amigos e a diretoria dissesse que eu tinha um futuro brilhante ali.

Foi quando surgiu a Startup Weekend, em junho de 2011, no Rio de Janeiro, um dos primeiros eventos desse tipo que aconteceram no Brasil e do qual participei. A competição aceleraria as ideias vencedoras. Num primeiro momento, eu queria fazer um aplicativo que avisasse o usuário de que o ônibus que ele esperava estava prestes a chegar ao ponto em que gostaria de pegá-lo. O app enviaria uma *push notification* ao usuário quando o ônibus estivesse próximo do ponto e ele poderia acompanhar o trajeto do veículo em tempo real. Parecia bacana, era um problema a ser resolvido, mas tinha um porém. E que porém!

Eu me lembro, como se fosse hoje, do momento em que descobri o problema: Dave McClure, um dos grandes especialistas em startups do mundo, estava no evento e se aproximou da nossa mesa, que tinha umas nove pessoas trabalhando na ideia. Ele nos perguntou o que estávamos fazendo e, quando respondemos, jogou aquele balde de água fria ao revelar que sabia que o Google já desenvolvia um projeto parecido. Se o Google estava fazendo, não tinha jeito de batalhar nessa ideia – era tempo perdido. Isso aconteceu na quinta-feira à noite, primeiro dia da Startup Weekend.

COMO TER UMA IDEIA VIÁVEL

Era uma quinta-feira chuvosa, véspera de feriado. Eu queria voltar para casa, então, fiz o que todas as pessoas no Brasil faziam naquela época quando queriam um táxi e estava chovendo: liguei para uma cooperativa. Ouvi aquele mesmo discurso de sempre: "De cinco a dez minutos o seu táxi estará na porta, senhor". Passou-se quase uma hora e nada de o táxi chegar. Decidi retornar a ligação e, com uma educação digna de uma princesa inglesa, ouvi da atendente que estava chovendo e que, consequentemente, não havia mais previsão. Decidi ir para a rua e procurar algum táxi debaixo da chuva mesmo. Plantado na calçada e rezando para um carro passar, veio o estalo: e se o aplicativo fosse para encontrar táxis, e não ônibus? Como eu, naquele momento, muitas pessoas ficavam desesperadas atrás de um táxi que nunca aparecia. Um aplicativo facilitaria a vida desses consumidores. E ninguém mais precisaria andar na chuva à caça de um carro, tampouco contar com a boa vontade de uma cooperativa de táxis. BINGO!

Não consegui um táxi naquela noite. Peguei uma van e fui para casa trabalhar na ideia. Fiquei surpreso quando notei que ninguém estava trabalhando em um projeto semelhante – e olha que eu procurei em três línguas: inglês, espanhol e português.

Naquele momento cheguei até a pensar: "Será que esse negócio é tão ruim e, por isso, ninguém quer fazê-lo?". Essa é uma insegurança normal quando estamos num *brainstorming*, mas não me deixei abalar. Tempos depois, descobri que existia um pessoal em Israel e outro na Alemanha trabalhando em algo parecido. No entanto, o mercado O2O, on-line para off-line, no qual a Easy Taxi atua, havia surgido, como um todo, em 2010/2011, tornando-nos os precursores do que hoje é um dos mercados mais quentes do mundo.

No caso da Singu, a ideia surgiu quase sem querer. Em uma sexta-feira, minha namorada me mandou uma foto das unhas dela, que não estavam bem-feitas, lamentando que a manicure que prestava serviços no escritório onde trabalhava não poderia comparecer naquele dia. Então, tive o insight de negócio. Percebi que havia um mercado enorme de prestadores de serviços de beleza que atendem nas casas ou nos escritórios, mas que ainda não existia um modo de unificar todos eles e conectá-los com os clientes. Notei também que eu poderia criar um "delivery" da beleza por meio de um aplicativo. Já havia feito isso com a Easy Taxi e tinha dado muito certo. Agora, eu só precisava analisar se essa ideia parava de pé.

A IDEIA SE SUSTENTA?

Ter uma solução para um problema que ainda não foi resolvido é o primeiro ponto para empreender. No entanto, não adianta ter uma ideia milagrosa se ela não parar em pé. Por isso, mais importante do que ter um insight que parece genial é conseguir validá-lo rapidamente para colocá-lo em prática. Muitas vezes, é claro, você vai ter de bancar a ideia e ir contra todo mundo que diz que a coisa não vai virar – como eu fiz, com a Easy Taxi. Contudo, existe uma linha muito tênue entre o delírio e a genialidade. Não há mãe que acredite que o filho é feio e essa mesma regra geralmente se aplica ao mundo das ideias.

Vejo pessoas extremamente apegadas às próprias ideias, mas que não conseguem lidar com as críticas e sempre levam os feedbacks para o lado pessoal. Como dizia o meu falecido avô, "ideia vale 10 centavos a bacia". Por isso, não tenha medo de compartilhar o que imaginou porque acredita que alguém pode roubar o seu insight. Ideia não tem dono! No geral, as pessoas têm mais o que fazer que roubar ideias alheias – é muito difícil que alguém pare o que está fazendo só para colocar em prática a ideia de outra pessoa. Então, compartilhe! Quanto mais falar sobre o que deseja construir, mais feedbacks vai receber – e esse é um ótimo ponto de partida para racionalizar em cima da sua ideia.

Contudo, é bom ficar alerta porque as chances de receber críticas são enormes. As ideias, principalmente as disruptivas, tendem a ser extremamente criticadas. Por isso, só vale bancar se tiver confiança nos pontos que fundamentam seu insight. E é exatamente isso que vou mostrar agora. Você vai aprender, nas próximas páginas, o caminho das pedras para validar e fundamentar sua ideia – esse passo a passo vai ajudar a diminuir as chances do fracasso na execução e a possibilidade de você ter se iludido com uma ideia que é, na verdade, inviável.

DIMENSIONE O SEU MERCADO

Eu cometi o erro de não dimensionar o mercado em que queria atuar quando fundei uma de minhas primeiras empresas, a E-Spartan, logo depois de pedir demissão do meu estágio no Grupo Severiano Ribeiro. Lembra que eu tinha aberto uma conta no Twitter à revelia dos meus chefes e conseguido vários seguidores para a empresa? Pois bem. Esse sucesso relativo me fez imaginar que o mercado brasileiro estava pronto para uma companhia de gamificação em mídias sociais, cujo objetivo era gerenciar promoções on-line para diversas empresas.

Para tocar o negócio, tive de largar a faculdade no segundo ano e me dedicar totalmente à empresa. Inexperiente, acreditei apenas no meu feeling, que me dizia que aquele nicho ia estourar em pouco tempo, e não fiz uma pesquisa prévia para analisar se a minha expectativa condizia com a realidade do setor em que eu queria atuar.

A verdade, nesse caso, é que, no embate entre expectativa e realidade, a realidade venceu. Eu fali. Não havia mercado grande o bastante para o meu produto e a empresa conseguiu apenas dois clientes em seus oito meses de existência. Perdi dinheiro e me estressei muito, mas o que mais tirei dessa história foi aprendizado – entendi que não dá para empreender apenas com base no feeling e que acertar no *timing* é essencial para que as coisas funcionem; com toda certeza, *timing* é tão importante quanto o modelo de negócio, se não for o mais importante.

Mais que isso, aprendi que é possível avaliar se a sua percepção de *timing* está correta ou incorreta. Tudo de que você precisa são dados. Depois do meu fracasso com a E-Spartan, tornei-me um obcecado por dados, tabelas, estatísticas, gráficos, relatórios... Entendi que uma decisão embasada nos fatos é crucial para os negócios.

Por isso, dedique-se um pouco a entender o mercado em que você quer atuar e vá atrás de informações. Um site que me ajuda muito nesse processo é o Statista (statista.com), que reúne milhares de pesquisas e análises sobre diversos mercados. Ali você encontra desde gráficos sobre as vendas de tênis dos astros do basquete da NBA nos Estados Unidos, até quais são os maiores mercados de e-commerce B2C do mundo. Muitos dos relatórios são gratuitos e ajudam a dimensionar aquilo no qual você está pensando em se meter.

Costumo dizer que só vale a pena empreender em tech quando você tem uma ideia grande o bastante para isso. O que eu quero dizer com "grande o bastante"? Que a sua ideia deve ter o poten-

COMO TER UMA IDEIA VIÁVEL

cial de girar pelo menos 2 bilhões de dólares ao ano no mercado local. Se existe esse potencial, é um mercado grande o bastante para você se arriscar. Entenda que esse é um valor arbitrário – é uma fórmula que eu uso, mas não uma regra.

O mercado de transportes, por exemplo, na época em que eu estava validando a ideia da Easy Taxi, gerava em torno de 5 bilhões de dólares ao ano. Existia um potencial enorme para atuar e grande suficiente para me aventurar. Usei esse mesmo raciocínio quando estava desenhando a Singu e pesquisei muito sobre o mercado da beleza. No Brasil, esse setor movimenta 100 bilhões de reais. Quando colocamos a lupa especificamente sobre o mercado de serviços de beleza, que é o core (foco) da Singu, vemos que a movimentação é de 46 bilhões de reais – ou seja, existe um potencial extraordinário que me deixou mais convicto de que criar um produto inovador para esse nicho poderia ser algo interessante.

Outro ponto importante é conversar com *stakeholders* e clientes em potencial para entender se a dor que você quer resolver é realmente a dor que eles têm. Para fazer isso, você tem várias ferramentas. A mais básica é o olho no olho, a conversa pessoal. Contudo, dá para ampliar o seu leque de diálogos aplicando pesquisas. O site SurveyMonkey ajuda a formular pesquisas on-line de maneira simples e rápida e é ótimo para prospectar mais informações com seus futuros consumidores e, por que não, investidores.

Com esses dados colhidos no mercado, você vai conseguir desenvolver, com mais convicção e foco, o produto que quer vender. Por isso, não se iluda: uma ideia só é boa quando está condizente com a realidade do setor em que você deseja atuar. Uma ideia sem validação não serve para nada.

CRIE O SEU CANVAS

Depois de colher tantos dados, o que você precisa fazer é organizá-los. De nada adianta ter uma pesquisa completa e detalhada se você não souber o que fazer com o material que pesquisou. Hoje, um dos modos mais eficientes de colocar as ideias no papel é o canvas. O conceito foi criado por Alexander Cowan, empreendedor que já ocupou o cargo de diretor da Synapse Partners, companhia que ajuda organizações listadas na revista *Fortune 500* a inovar.

O canvas nada mais é que um diagrama dividido em nove partes que ajuda o empreendedor a visualizar a empresa que quer criar como um todo. A vantagem em relação ao *business plan* tradicional é que o canvas é mais enxuto e mostra, de uma só vez, tudo aquilo em que você precisa prestar atenção ao criar a sua empresa, focando mais em pontos qualitativos do que quantitativos. Afinal, prever a receita de um negócio nascente para daqui a cinco anos não difere em nada de uma aposta em cavalos, por isso não vale a pena criar *business plans* complexos para negócios nascentes.

A estrutura de uma empresa muda o tempo inteiro, portanto, suas premissas jamais serão as mesmas nas semanas seguintes. Como é um diagrama de página única, ao bater o olho, você e o seu time, ou o seu sócio, enxergam o que devem fazer se quiserem colocar o empreendimento de pé. Outra vantagem é que as ideias podem mudar com facilidade – é muito mais simples trocar um post-it® do que reformular um modelo de negócio e alterar todas as premissas pregressas do *business plan*.

Para você entender o que é o canvas, veja a imagem a seguir:

COMO TER UMA IDEIA VIÁVEL

Parceiros--chave	Atividades--chave	Proposta de valor	Relacionamento com os clientes	Segmentos de clientes
	Recursos--chave		Canais	
Estrutua de custos			Fontes de receita	

Em cada um desses espaços, você tem de responder às seguintes perguntas, segundo Cowan:

1. **Segmentos de clientes** – Quem são seus targets? Quem tem o problema que você pretende resolver?
2. **Proposta de valor** – Qual é o problema que você propõe resolver? Como você pretende resolvê-lo?
3. **Canais** – Como você pretende entregar sua solução aos seus clientes? Quais serão os meios utilizados?
4. **Relacionamento com os clientes** – Como você vai interagir com o consumidor durante a sua jornada?
5. **Fontes de receita** – Como você pretende monetizar o negócio? Quanto você cobraria para entregar essa solução?
6. **Atividades-chave** – Quais são as atividades cruciais que

você e seu time precisam performar para entregar sua proposta de valor?
7. **Recursos-chave** – Quais são os recursos cruciais para entregar sua proposta de valor?
8. **Parceiros-chave** – Quem são os parceiros importantes para entregar sua proposta de valor?
9. **Estrutura de custos** – Quais são suas principais linhas de custos necessárias para entregar sua proposta de valor?

Para ficar mais claro, quero lhe mostrar um dos primeiros canvas da Easy Taxi:

COMO TER UMA IDEIA VIÁVEL

CANVAS DE MODELOS DE NEGÓCIOS

Segmentos de clientes
- Usuários de táxi com smartphone ativo (com internet)
- Turistas
- Taxista não cooperado
- Pontos de táxi
- Empresas de táxi
- Empresas
- Eventos comerciais

Relacionamento com os clientes
- Redes sociais
- E-mail-marketing
- Imprensa
- Site
- Telefone
- Eventos

Canais
- Google Play
- App Store
- Site
- Bancas
- Postos GNV
- Eventos corporativos

Proposta de valor
- Conseguir o táxi certo com um clique, permitir acompanhamento em tempo real e pagamento mobile
- Táxi share
- Eliminar a fraude envolvendo vouchers nas empresas
- Conectar bons passageiros a bons taxistas com segurança e orientação
- Direcionar clientes a estabelecimentos comerciais

Atividades-chave
- Captar usuários
- Captar taxistas
- Fechar contrato com empresas
- Fechar com estabelecimentos comerciais
- Fechar parcerias com órgãos governamentais

Recursos-chave
- Celulares com GPS
- Planos de dados 3G
- Taxistas aptos
- Usuário
- Equipe de TI
- Equipe comercial

Parceiros-chave
- Prefeituras
- Postos de GNV
- Estabelecimentos comerciais
- Sistema de pagamento digital
- Sistema de distribuição de créditos pré-pagos
- Fabricante de celular
- Operadora de celular
- Órgãos governamentais

Fontes de receita
- EMPRESA — Voucher eletrônico R$ 0,50
- TAXISTA — PPU = R$ 2,00
- TAXISTA — Mensalidade R$ 30,00
- E. comerciais AD = R$?
- CLIENTE corrida paga com cartão = R$ 2,00

Estrutura de custos
- MKT — Aquisição de usuários e taxistas
- Hardware — Celular, kit veicular e chip
- Operacional — Atendentes 24x7 e pessoal
- Plano de dados do taxista
- Servidor Amazon Ec2

Veja que, no Canvas da Easy Taxi, temos diversas hipóteses que foram invalidadas ao longo do processo. Eu achava, por exemplo, que empresas de táxis seriam um cliente em potencial para a companhia, uma vez que essas organizações sofriam bastante com a inadimplência dos taxistas. Tendo em vista que nós éramos uma fonte de renda extra para esse taxista e capturaríamos o valor que ele teria a receber, poderíamos repassar o valor corrigido com o que ele devia às empresas, acabando, assim, com o problema de inadimplência no setor.

No entanto, essa hipótese foi invalidada. E é exatamente para isso que o canvas serve: coloque ali o maior número de hipóteses e execute um processo meticuloso de validação de cada um dos post-its que fazem parte do seu painel. Esse processo de descoberta não só vai ajudar a achar um modelo de negócio (que é o objetivo de toda startup), como também vai trazer insights valiosos para a construção do seu produto.

Para resumir o conteúdo deste capítulo, o ensinamento é o seguinte: uma ideia ruim executada por um bom time eventualmente se transformará em uma boa ideia, visto que uma equipe excelente executará os processos descritos nas páginas anteriores. Agora, uma boa ideia nas mãos de um time médiocre provavelmente não passará de uma boa ideia.

Por isso, não se prenda a ideias. Duvide de tudo sempre. Lembre-se de que todas as certezas na vida

> **Sites que ajudam na validação de ideias**
>
> **Statista.com:** estatísticas gratuitas e pagas sobre diferentes nichos de mercado ao redor do mundo.
>
> **SurveyMonkey.com:** criação gratuita de pesquisas on-line em diversos formatos.

COMO TER UMA IDEIA VIÁVEL

não passam de hipóteses até que se tornem fatos (verificados). Se você tratar seu negócio dessa maneira, provavelmente estará à frente de 95% dos profissionais que desejam se tornar empreendedores.

Nas próximas páginas, você vai aprender a transformar sua ideia em um produto finalizado. É importante, porém, terminar este capítulo com a obsessão de testar, testar e testar mais uma vez a ideia que teve. Quem não faz isso se frustra – como eu me frustrei lá atrás.

Transformar uma ideia em negócio não é sorte, é um processo científico de validação de hipóteses. E para que as coisas deem realmente certo, você tem de agir meticulosamente, coletando e analisando dados, e tirando conclusões para validar ou não aquele conjunto de hipóteses. Uma vez invalidada, é preciso partir para outra hipótese e testá-la meticulosamente mais uma vez, até achar o caminho certo.

WEBINARS*

Insistir numa ideia em que muitos não acreditam é persistência ou teimosia?

Rapaz, é uma linha tênue. Em 2011, quando fiz a Easy Taxi, muita gente me disse que, se esse negócio fosse bom, alguém teria feito nos Estados Unidos. Poderia ser, e eu poderia estar errado. No entanto, quando você faz processos de validação e percebe que muita gente está disposta a pagar pelo seu serviço, desconsidera os especialistas que falam o contrário.

* As perguntas foram respondidas em webinars que ajudaram a construir este livro.

TIPOS DE IDEIAS QUE PODEM GERAR STARTUP

De acordo com o livro *Small Business Management*,[19] de Justin G. Longenecker, J. William Petty, Leslie E. Palich e Francis Hoy, existem três tipos de raciocínio que costumam se transformar em startups:

TIPO A	TIPO B	TIPO C
NOVO MERCADO	**NOVA TECNOLOGIA**	**NOVO BENEFÍCIO**
Exemplo: Mirar um novo mercado de bebidas e vender refrigerantes com valores nutricionais.	Exemplo: Usar tecnologia de ponta para desenvolver um simulador de viagem de helicóptero.	Exemplo: Desenvolver um climatizador individual para manter os funcionários da empresa refrescados.

---

19 LONGENECKER, Justin G. et. al. *Small Business Managemente: Lauching & Growing Entrepreneurial Ventures*. 16. ed. Mason: South-Western Cengage Learning, 2012. p. 70.

CAPÍTULO 4

COMO TRANSFORMAR SUA IDEIA EM PRODUTO

Existe um limbo de boas ideias que é alimentado todos os dias. Explico: toda vez que alguém tem uma ideia e não a executa, esse insight vai para um limbo e fica lá até que um empreendedor a resgate e a transforme em um negócio viável. Por isso que essa fase, a de transformar uma ideia em produto e, posteriormente, em um negócio, é tão delicada. Muita gente falha nesse momento, o que acaba se transformando no vale da morte do empreendedorismo. E os fracassos acontecem, na maioria das vezes, por simples falta de orientação. Por isso, agora vou lhe mostrar o caminho que tracei para passar intacto por esse vale da morte. Nas próximas páginas, você verá um guia com práticas vendedoras para lutar contra o lado sombrio do empreendedorismo.

CRIE O SEU MVP

Se você ainda não sabe o que a sigla MVP significa, é importante que se familiarize com ela. Esse termo em inglês muito usado no mercado das startups significa *minimum viable product* (ou "produto mínimo viável", em português). Tome cuidado para não entender que o MVP é uma versão inacabada do seu produto. Na verdade, ele é um protótipo do seu negócio que entrega o core do seu valor para o cliente.

Por isso, o MVP deve ser construído da maneira mais simples e rápida e deve demandar o menor investimento possível. Seu objetivo é validar se a sua solução é viável ou não. Essa estratégia é usada por empreendedores que acreditam no modelo *lean startup*, desenvolvido por Eric Ries no livro *A startup enxuta* (LeYa). Ele prega que quanto mais enxuto e econômico um empreendimento (principalmente no começo), melhor, pois não haverá desperdício de tempo, dinheiro e esforços pessoais. Ries, um dos maiores especialistas do mundo em startups, define o MVP da seguinte maneira:

> Um componente central da metodologia *lean startup* é o triênio construa-meça-aprenda, que se desenvolve em looping constante. O primeiro passo é descobrir o problema que precisa ser resolvido e, em seguida, desenvolver um produto mínimo viável (MVP) para iniciar o processo de aprendizagem o mais rapidamente possível. Uma vez que o MVP é estabelecido, a startup pode ir afinando os processos. Isso

envolve cálculos e aprendizado constantes que devem ser embasados por métricas que demonstrem causa e efeito.[20]

Para explicar melhor, veja a imagem a seguir, que é a representação do MVP de um carro.

COMO CONSTRUIR UM MVP[21]

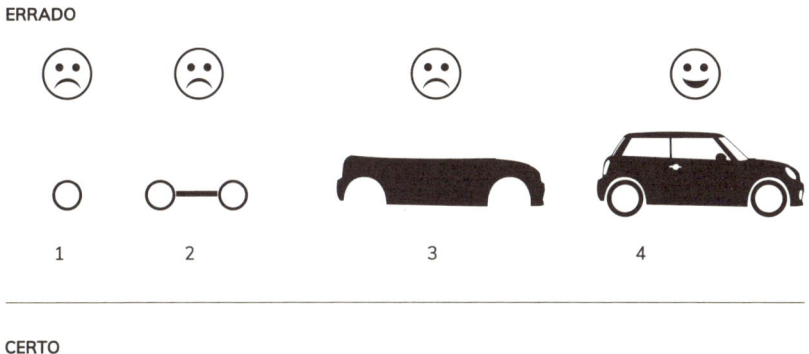

ERRADO

1 2 3 4

CERTO

1 2 3 4 5

Imagine que você queira fazer um carro. Na sua cabeça, o modo correto de construí-lo é o mostrado na primeira linha da figura: uma roda, duas rodas, uma carcaça e o carro está pronto. No entanto, esse não é o jeito certo de chegar ao produto final. Você chegou a esse resultado com base no que acredita

---

20 RIES, Eric. *The Lean Startup Methodology*. Disponível em: http://theleanstartup.com/principles. Acesso em: 21 set. 2020.
21 STADLER, David. MVP design. *Quickleft*, dez. 2015. Disponível em: https://quickleft.com/blog/mvp-design/. Acesso em: 23 set. 2020.

que seria bom o bastante – e não com base no que as pessoas querem e estão dispostas a pagar, que é o que o processo do MVP leva em conta.

Para começar, em vez de pensar no produto final em si, pense em qual é o valor entregue por aquele produto que quer oferecer. Pensemos no exemplo do carro. O que ele é? É um objeto de mobilidade, que leva as pessoas de um ponto A para um ponto B. Qual é, então, o objeto mais simples, com o propósito de mobilidade, que eu posso entregar para as pessoas? É um skate – algo extremamente simples, mas que entrega aquilo que você propôs.

O que você precisa fazer, então, é lançar o seu produto, o seu skate, ao mercado para receber o feedback necessário e fazer os ajustes. Quando soltar o seu skate para testes, verá, no seu círculo dourado, formado pelos primeiros usuários do seu produto, o que funciona e o que deve ser melhorado. Essas pessoas, que comentarão sua proposta em primeira mão, são as *early adopters*, que gostam de usar um produto pela primeira vez e contar para os amigos que descobriram uma novidade interessante. São elas que costumam ajudar a validar o MVP. O interessante é que esse pessoal já forma uma parcela importante do mercado consumidor.

Uma pesquisa feita pelo instituto Pew Research, com 2.840 norte-americanos, por exemplo, mostrou que 28% deles preferem ser *early adopters* de novas tecnologias – percentual que chega a 31% na faixa de 30 a 49 anos.[22] Se esses *early adopters* avaliassem o skate, é bem possível que tivessem crí-

---

[22] KENNEDY, Brian; FUNK, Cary. 28% of Americans Are 'Strong' Early Adopters of Technology. *Pew Research Center*, 21 jul. 2016. Disponível em: http://www.pewresearch.org/fact-tank/2016/07/12/28-of-americans-are-strong-early-adopters-of-technology/. Acesso em: 21 set. 2020.

ticas, as quais levariam à melhoria do produto. Algumas delas seriam, provavelmente, que o skate demanda certas habilidades que nem todos conseguem desenvolver, exige esforço físico e, ainda, não é totalmente seguro.

Com base no feedback, você poderia pensar: qual é o problema que, se resolvido, ajudaria a atrair mais pessoas em um primeiro momento? A prioridade pode ser o equilíbrio – porque aumenta as chances de que pessoas sem habilidade para o skate usem o produto. A solução, então, seria colocar um guidão e fazer do skate um patinete.

Essa melhoria geraria novos feedbacks que, consequentemente, apontariam para uma nova melhoria, a qual pode ser, por exemplo, o conforto. Você, então, acrescentaria duas rodas, colocaria um selim e transformaria o patinete em bicicleta.

Um grupo amaria a inovação, mas outro ainda pediria melhorias. O segundo grupo poderia reclamar do esforço que demanda pedalar uma bicicleta. A solução seria, então, colocar um motor – e aí você teria criado uma moto.

Novamente, um grupo gostaria da novidade, mas outro ainda diria que existe um problema de segurança, porque o corpo do motorista fica muito exposto. Com base nesse dado, você desenvolveria a carroceria, cobriria a moto e teria um carro. O automóvel é o resultado da melhoria dos principais pontos de atenção apontados pelos seus usuários durante o MVP.

CONSTRUÇÃO CONTÍNUA

O exemplo do skate deixa claro outro ponto importante durante o processo de MVP: para testar a eficiência e o alcance de sua ideia, seu produto não precisa estar 100% pronto, nem ser visualmente atraente, mas deve funcionar. Muita gente demora

COMO TRANSFORMAR SUA IDEIA EM PRODUTO

demais para lançar o MVP porque está com vergonha da aparência do produto e quer caprichar no visual. No entanto, é um erro. Se você lapidar muito, perderá tempo.

Hoje, as pessoas estão dispostas a experimentar mais e a usar produtos que ainda não estão totalmente finalizados; então, não tenha medo. Solte um produto feio, se for preciso, mas com as principais funcionalidades que entreguem o core do seu valor ao seu cliente. Uma frase me ajuda bastante nesse momento: "feito é melhor do que perfeito". Esse mantra tem guiado toda a minha vida e me ajudado muito a cumprir meus desafios.

Grande parte dos empreendedores demora demais para lançar o MVP e tem de desistir do negócio. Um erro que muitos cometem é pegar uma empresa de software para construir o produto e, como um terceirizado não tem o comprometimento necessário para dar o sangue pelo produto, tampouco interesse em participar do processo de descoberta, o negócio nunca vai para a rua ou vai tarde demais.

Por isso, é importante lançar rápido – e ter, do seu lado, um cara que entenda de tecnologia. Vou falar mais sobre a construção de times nos capítulos adiante, mas a lição que você precisa tirar do MVP é que, quanto antes seu projeto estiver na rua, melhor – desde que, é claro, você entregue algum valor para resolver uma dor legítima. E lembre-se de não querer abraçar o mundo com suas pernas: você constrói seu produto para um pequeno grupo de pessoas, mas esse pequeno grupo de pessoas precisa amar esse produto e ser grande apoiador dessa causa; é assim que você vai atingir outro grupo de pessoas e, consequentemente, aumentar o seu alcance.

O skate está longe de ser um carro, mas leva você do ponto A para o ponto B, ou seja, resolve a questão a que você se propôs. Melhor lançar logo e alterar seu negócio de acordo com os feedbacks. Não existe planejamento que se mantenha intacto após o primeiro contato com a realidade.

Com a Easy Taxi eu segui esse raciocínio. Como eu não sabia programar, fiz um blog no qual o usuário tinha de preencher seu nome, e-mail, endereço e telefone e clicar no botão "pedir táxi". Contudo, esse botão não se conectava ainda diretamente com os taxistas – eu não tinha essa tecnologia desenvolvida na época. Era apenas um botão de "enviar e-mail" que eu tinha camuflado. Os pedidos caíam no meu e-mail pessoal. Eu, então, jogava o endereço da pessoa no Google Maps para ver quais eram os pontos de táxi próximos, telefonava para um deles, combinava a corrida com o taxista e ligava para o cliente informando qual seria o veículo que o atenderia. Era tudo manual, mas funcionava para testar a minha hipótese de que as pessoas estariam dispostas a usar um site ou aplicativo para encontrar um táxi próximo e não ter de esperar na rua ou depender do atendimento de um radiotáxi.

Foram dois meses de validação do MVP até eu sentir que estava pronto para lançar o produto. Hoje, existem outras tecnologias para lançar um MVP. Tem muita gente fazendo isso via WhatsApp, Instagram ou Facebook. O importante é encontrar o meio mais simples, eficaz e barato para você fazer os testes – e não pare de colher dados. É isso que vai ajudá-lo a entender o que funciona e o que não funciona, e a ajustar seu produto para, então, lançar sua primeira versão no mercado.

COMO TRANSFORMAR SUA IDEIA EM PRODUTO

COBRAR OU NÃO COBRAR?

Uma das questões mais polêmicas quando falamos de MVP é se devemos cobrar pelo serviço/produto que estamos lançando ou não. Aqui, de novo, vou ter de ser muito honesto com você. A resposta é: depende – e isso não é ficar em cima do muro. Essa decisão vai depender do que você está desenvolvendo e do que é mais importante para o que você quer vender. Alguns produtos/serviços, por exemplo, dependem mais da criação de uma massa de usuários para decolar e conseguir um investimento do que do pagamento de cada usuário pelo seu uso. Esse foi o caso do Facebook.

O importante em um MVP é observar como os seus usuários se comportam, o que realmente gera valor e o que é uma bola fora. Antes de pensar em cobrar, avalie o que você quer com o seu produto e de onde virá o dinheiro. Quando for definir um preço para o seu produto, faça testes primeiro. É importante definir três preços diferentes e avaliar como foi o processo de compra. Para isso, faça um cálculo simples: divida o número de pessoas que acessou seu produto com os preços X, Y e Z pelo número de pessoas que fechou uma compra – ou que estaria disposta a fechar uma compra. A variável que gerar o melhor resultado tende a ser seu preço correto.

FOCO NOS NICHOS E NOS FEEDBACKS

Essas etapas fazem parte do processo de validação da hipótese de que o seu produto/serviço vai resolver o problema de determinadas pessoas. O importante, quando você estiver passando por essas etapas, é não se perder querendo abraçar o mundo e não cair na ilusão de que é possível agradar a todas as pessoas com a sua ideia. A sua solução deve ser direcionada para um nicho específico de mercado consumidor – é muito mais eficiente atender muito bem a um grupo delimitado de pessoas do que atender mais ou menos um monte de gente.

Para fazer isso, entenda a fundo o problema de seus clientes e teste incansavelmente a sua solução para que o produto ou o serviço se desenvolva da melhor maneira possível e, assim, comece a atingir mais pessoas naturalmente.

Quando eu estava no início da Easy Taxi, testei o aplicativo incansavelmente. Hoje é muito comum ter um sistema que faça o *tracking* da localização dos usuários via celular. No entanto, lá em 2011, essa tecnologia praticamente não existia e tínhamos de aprender como desenvolvê-la de maneira que o cliente encontrasse o taxista mais próximo e conseguisse rastreá-lo para verificar o tempo que o motorista levaria para chegar ao local desejado. Precisávamos descobrir o que fazer. Então, meu sócio e eu rodávamos a cidade usando uma dessas bicicletas de aluguel gratuito para testar a tecnologia que estávamos criando. Tínhamos de usar a bike porque eu havia vendido meu carro para financiar o início da companhia. Eu rodava pela zona sul do Rio de Janeiro debaixo daquele sol gostoso para verificar se o app estava mandando a posição para a API no tempo e na frequência certos, entre outras coisas... Eu, na bicicleta, simulava o motorista de táxi. Meu sócio, na calçada, simulava o cliente e verificava a API.

Essa foi uma parte muito importante dos testes da Easy Taxi porque nós nos envolvemos na rotina dos taxistas, que percorreriam vários quilômetros por dia. Paralelamente, estávamos, também, colhendo feedbacks de nossos *early users* por meio de uma metodologia que eu considero muito eficiente: o NPS, sigla para net promoter score.

A ferramenta foi criada em 2003 pela Bain & Company, consultoria de negócios norte-americana que avalia quão satisfeitos ou insatisfeitos os clientes estão com os produtos ou serviços de determinada empresa. A metodologia tem duas etapas. A primeira é quantitativa, que pergunta aos clientes, de 0 a 10, quão dispostos estariam para recomendar essa solução a outras pessoas. A segunda delas é uma adaptação que criei.

As avaliações determinam três grupos de clientes: **promotores**, aqueles que deram 9 ou 10 para a companhia e são os defensores naturais da empresa; **neutros**, aqueles que deram 7 ou 8 e não ajudam nem atrapalham a marca; e **detratores**, aqueles que deram uma nota entre 0 e 6 e, por não terem tido uma boa experiência com a organização avaliada, falam mal da companhia por aí. A segunda etapa é a qualitativa, em que os clientes devem responder à seguinte pergunta: "O que podemos fazer para merecer um 10?".

Daí surgem insights muito interessantes e um feedback sincero, tanto do lado de quem ama a marca, quanto do lado de quem a odeia. Aplicar essa pesquisa constantemente, de acordo com o desenvolvimento do seu produto ou serviço, é essencial para construir algo de qualidade e que vai agradar aquele nicho de mercado que você quer atingir. Para isso, há um software brasileiro muito bom, o Tracksale, que empresas importantes como Itaú-Unibanco, Magalu e eu usamos. O Tracksale monitora a satisfação dos clientes em tempo real e gera relatórios que vão ajudá-lo a colher e analisar dados, que são a base do desenvolvimento sustável do seu negócio.

É IMPORTANTE COLETAR DADOS E OUVIR SEU CONSUMIDOR: SÓ ASSIM DESCOBRIRÁ SE A SUA SOLUÇÃO ESTÁ ALINHADA COM O MERCADO QUE VOCÊ QUER ATENDER E VAI ENTENDER O QUE É NECESSÁRIO ADAPTAR EM SEU NEGÓCIO PARA QUE ELE DECOLE.

PRESTE ATENÇÃO NO *PRODUCT MARKET FIT*

Todos os dados que apresentei a você ao longo deste capítulo construíram, juntos, um conceito muito importante e que deve ser olhado com lupa pelos empreendedores que querem que suas startups se tornem bem-sucedidas: o product market fit (PMF) ou "produto ajustado ao mercado", em uma tradução livre.

Há várias definições desse conceito e uma das mais simples e práticas é a de Marc Andreessen, presidente da Opsware e coautor do Mosaic, o primeiro navegador www da internet. Ele diz que "um product market fit significa estar em um bom mercado com um produto que consegue satisfazer aquele mercado".[23] Por isso é tão importante coletar dados e ouvir seu consumidor: só assim descobrirá se a sua solução está alinhada com o mercado que você quer atender e vai entender o que é necessário adaptar em seu negócio para que ele decole. É fácil notar quando o seu PMF está indo bem ou mal. Andreessen diz que:

> Você sempre consegue sentir quando o product market fit não está acontecendo. Os consumidores não veem valor em seu produto, não há um bom boca a boca do seu produto, o uso não está aumentando rapidamente, as resenhas que saem na imprensa são do tipo "blah", o ciclo de vendas leva muito tempo e vários acordos não se concretizam.
>
> E você sempre consegue sentir quando o product market fit está acontecendo. Os consumidores estão comprando o produto tão rápido quanto você consegue fabricá-lo – ou

---

[23] ANDREESSEN, Marc. *The Pmarca Guide to Startups. Part 4: The Only Thing that Matters*. 25 jun. 2007. Disponível em: http://pmarchive.com/guide_to_startups_part4.html. Acesso em: 21 set. 2020.

o uso está crescendo tão rápido, que você pode adicionar mais servidores. A conta-corrente da sua empresa está ficando parruda com o dinheiro dos clientes. Você precisa contratar rapidamente profissionais para atuar em vendas e serviço de atendimento ao consumidor. Os jornalistas estão atrás de você porque ouviram dizer que seu produto é quente. Você começa a receber prêmios de empreendedor do ano e empresário do ano da Harvard Business School. Os investidores estão apostando no seu negócio.[24]

É claro que as coisas não seguem necessariamente esse rumo de sucesso absoluto e exponencial que Andreessen descreveu, mas há sinais evidentes de que o PMF está dando certo. Um deles é a percepção de que você tem um grupo de clientes que vai defender a empresa e ficaria arrasado se a companhia deixasse de existir – grupo que você só vai conseguir mensurar depois de aplicar o NPS, por isso essa ferramenta é tão importante e não pode ser negligenciada.

Com base em dados que surgem das sugestões dos clientes, você conseguirá fazer adaptações do seu produto para o mercado que quer atingir. Todos na empresa têm de estar alinhados ao pensamento de que o produto nunca para de ser desenvolvido – surgem sempre novas demandas, tecnologias e necessidades. E todo o time precisa entender, também, a importância do feedback. O cliente sabe muito bem o que quer e é ele que vai validar se a solução que você está entregando resolve ou não o problema dele.

---

24 Ibid.

COMO TRANSFORMAR SUA IDEIA EM PRODUTO

Todas as mudanças que faço nas minhas empresas acontecem com base nesses feedbacks dos clientes – e eu trato os consumidores como se fossem os *stakeholders*, os acionistas das minhas companhias, afinal, é para eles que os produtos estão sendo criados e são eles que vão ajudar a empresa a prosperar.

Sam Walton, fundador da rede varejista Walmart, dizia uma frase que eu amo: "Clientes podem demitir todos os funcionários de uma empresa, simplesmente gastando seu dinheiro em outro lugar"; portanto, trate seu cliente como seu chefe, porque ele de fato é.

Na Singu, por exemplo, implantamos uma mudança importante com base na percepção dos nossos artistas, os profissionais de beleza que trabalham usando o aplicativo. No começo, eles não sabiam qual seria o itinerário de transporte público e o tempo que levariam para ir de um atendimento a outro sem atrasos. Houve essa reclamação e nós criamos uma nova função no algoritmo ao integrá-lo com o aplicativo de transporte público do Google e ao incorporar, no cálculo do tempo de serviço, o tempo de deslocamento para o atendimento seguinte. Agora, um profissional recebe o chamado de um novo serviço de acordo com essas variáveis e os riscos de atraso são mínimos. Esse é só um exemplo de como um feedback simples dos usuários pode melhorar o serviço.

Por isso, nunca feche os seus olhos e ouvidos para a realidade. O negócio está na rua. É só colocando a sua solução em prática que você conseguirá desenvolver o melhor produto possível para aquele mercado. Uma boa solução não surge verticalmente da cabeça de um empreendedor nem é aceita pelos consumidores sem nenhuma crítica. Uma boa solução surge de uma construção coletiva constante. Ouça quem usa, colete a maior quantidade de dados possível e tome decisões com base nas hipóteses validadas a partir desses dados. É isso que fará seu negócio crescer de maneira sustentável.

WEBINARS

Estou com dificuldade em validar minha ideia sem "empurrar" minha solução para as pessoas. Alguma sugestão?

Seu produto provavelmente será horrível e é normal ter um pouco de vergonha de mostrar para os outros. Você não deve empurrar sua solução para os outros, mas encontrar o product market fit e fazer com que outras pessoas queiram o seu produto. Explorar em excesso seu potencial consumidor não o ajudará a construir um negócio de sucesso. A dificuldade costuma surgir porque você ainda não construiu algo que resolva uma dor legítima do seu público-alvo.

Qual é o tempo ideal para a validação do MVP?

É o tempo suficiente para que você note que aquelas pessoas têm determinada dor e têm a intenção de pagar para resolvê-la. Não concordo com a teoria que diz que o MVP só é validado quando tudo está pago. Quando você sabe que seu produto é relevante e que as pessoas estão dispostas a pagar por ele, a validação está feita.

CAPÍTULO 5

COMO CONSTRUIR MEU TIME

Uma vez, o Jorge Paulo Lemann, o maior empreendedor brasileiro e um dos maiores do mundo, disse-me, durante uma mentoria, que "a única vantagem competitiva de longo prazo se chama 'gente boa'". Essa frase me marcou muito, pois eu sei que um dos maiores desafios de quem inicia uma empresa é construir uma equipe excelente. Para mim, essa é uma das funções mais complexas, delicadas e gratificantes de um fundador – quando a contratação é acertada.

E não se engane: o dono da empresa é sempre o responsável pela qualidade da equipe que está sendo formada. Em grandes corporações, o CEO é aquele que zela pela cultura organizacional, define e cuida dos objetivos de médio e longo prazos da companhia e é responsável pelas principais metas da empresa – o que quer dizer que, na teoria, quaisquer que sejam os resultados atingidos e as crises enfrentadas, a culpa é sempre (ou pelo menos deveria ser) do CEO. No caso de uma startup, as atividades de um fundador giram em torno de seis tópicos:

1. Recrutar e cuidar: contratar pessoas-chave e cuidar para que os membros de sua equipe se mantenham motivados e produtivos;
2. Levantar capital;
3. Estabelecer relacionamento com investidores;
4. Desenvolver novos negócios e parcerias;
5. Vender;
6. Resolver o que é mais crítico para a empresa naquele momento.

Percebeu que defini a atividade de recursos humanos como a número 1 da lista de atribuições? Fiz isso porque realmente é a principal tarefa de quem quer tocar um negócio – e não importam o sucesso e a longevidade da companhia. Um CEO deve estar sempre buscando "gente boa" para formar seu time e motivando quem já faz parte da equipe. É claro que, quando você está começando, montar uma equipe é um pouco mais complicado – afinal, sua empresa ainda não existe e as pessoas não podem procurar naturalmente por um emprego ao seu lado.

Por isso, no começo, você deve construir os pilares da sua companhia. E esses pilares serão os seus sócios. Costumo dizer que seu cofundador é seu primeiro cliente. É ele que você tem de encantar com a sua ideia, pois ele terá de abrir mão de certo estilo de vida, de um salário e de fins de semana para colocar, com você, o negócio de pé. Para iniciar uma startup, são necessários (geralmente) três perfis de profissionais:

Vendedor: possui grande potencial de liderança também. Suas atribuições costumam ser: novos negócios, comercial, relações com investidores e recursos humanos.
Desenvolvedor: tem conhecimentos profundos em tecnologia. Será o responsável técnico pela startup, que, de acordo com o preparo, será o chamado CTO (*Chief Technology Officer*).
Organizador: costuma ser muito bom com números, é o famoso "planilheiro". Suas atribuições são, em geral, tocar todo o back office da companhia. Tarefas como a organização financeira e o dia a dia operacional ficam a cargo dele.

No entanto, muitos empreendedores cometem um erro muito comum: não entender que é difícil chegar ao sucesso sozinho. Ninguém deve acreditar que é um super-herói, que tem todas as habilidades do mundo bem desenvolvidas e consegue resolver todos os problemas que possam surgir. É preciso dividir responsabilidades e se cercar de pessoas com competências complementares às suas.

Eu proponho, assim, um triunvirato capaz de cobrir as principais demandas do começo de um negócio, as quais normalmente giram em torno de conseguir clientes/parceiros de negócios, desenvolver a tecnologia e operar de maneira enxuta e inteligente.

Encontrar essas pessoas, é claro, demanda muito esforço. Contudo, não tenho dúvida de que é um trabalho que define o

COMO CONSTRUIR MEU TIME

sucesso ou o fracasso de uma empresa. Afinal, o custo financeiro e emocional de uma contratação errada é altíssimo – eu passei por isso no início da Easy Taxi, uma história que vou contar no próximo capítulo –, mas essa situação é muito comum nas empresas, independentemente do porte.

Uma pesquisa feita pelo site CareerBuilder, em parceria com o instituto de pesquisas Harris Interactive, com seis mil gestores e gerentes de recursos humanos, revelou que mais da metade das empresas das dez maiores economias do mundo – entre elas o Brasil – tem problemas com contratações equivocadas.[25]

Por aqui, 87% dos entrevistados relataram que já erraram ao contratar para alguma posição. Perdemos apenas para a Rússia (com 88%) e empatamos com a China. Nos Estados Unidos, a porcentagem é de 66%. Esse cenário causa uma série de impactos nos negócios: para 40% dos brasileiros entrevistados, o recrutamento ruim prejudica a produtividade e, para 35%, uma das piores consequências é ter de gastar mais recursos em um novo processo de recrutamento e treinamento.

Em outras palavras, quando você preenche uma vaga com um candidato que não atende aos requisitos, perde tempo e dinheiro, que são recursos escassos demais para desperdiçar. Por isso, quero lhe mostrar quais ferramentas usar para contratar da maneira mais segura possível.

---

[25] MORE Than Half of Companies in the Top Ten World Economies Have Been Affected By a Bad Hire, According to CareerBuilder Survey. CareerBuilder, Chicago, 8 maio 2013. Disponível em: http://press.careerbuilder.com/2013-05-08-More-Than-Half-of-Companies-in-the-Top-Ten-World-Economies-Have-Been-Affected-By-a-Bad-Hire-According-to-CareerBuilder-Survey. Acesso em: 21 set. 2020.

ONDE ENCONTRAR BONS PROFISSIONAIS?

No começo, o grande desafio é encontrar os sócios, pois, muitas vezes, você ainda não conhece pessoas com as habilidades de que precisa para criar sua empresa. Essa questão é delicada e foi uma das principais dúvidas de meus seguidores durante o webinar sobre construção de times que conduzi em fevereiro de 2017.

Muitas vezes, as pessoas têm ideias interessantes para a solução de um problema, mas não entendem muito de tecnologia e se perguntam: "Se eu contratar um *freelancer* ou uma empresa de tecnologia para colocar a ideia de pé, resolveria meu problema?". No entanto, essa decisão costuma não dar muito certo.

Pessoalmente, não gosto da terceirização do produto porque vai um pouco contra a essência de uma startup, que é, basicamente, um grupo de pessoas em busca de um modelo escalável de negócio. Se você não tiver um time interno dedicado a resolver o problema dos seus clientes, o negócio tende a não dar certo. Uma empresa de software pode ter a técnica para desenvolver a tecnologia de que você precisa, mas não terá o comprometimento necessário de virar madrugadas para melhorar seu produto.

Em geral, acontece o contrário. As empresas terceirizadas não conseguem cumprir prazos e deixam os empreendedores na mão. Terceirizar apenas para lançar o MVP pode ser um mal necessário, mas está longe do ideal. É preciso achar pessoas que complementem seus conhecimentos – e, se você não entende nada de TI, ache um sócio da área e ofereça uma boa contrapartida financeira em ações futuras (o que deve ser feito de maneira muito cuidadosa, a qual explicarei detalhadamente no próximo capítulo).

COMO CONSTRUIR MEU TIME

Agora, onde você vai achar essas pessoas? O primeiro passo é traçar o perfil do profissional que quer encontrar, mas analise sempre de que forma ele poderá complementar suas habilidades no negócio. Com isso na cabeça, use uma das melhores ferramentas de recrutamento da atualidade: o LinkedIn.

Pense que você é um *headhunter* que precisa fechar uma vaga para um cliente. Dê uma pesquisada nas grandes empresas que valorizam as competências que você está procurando – isso é bem fácil de descobrir, ao pesquisar sobre a cultura empresarial de grandes companhias – e que sejam referência na área em que quer contratar. Entre nas páginas de LinkedIn dessas empresas e dê uma olhada nos profissionais que trabalham ali – se você tiver um perfil Premium da rede social, conseguirá refinar sua busca e mandar mensagens para pessoas com as quais não tem conexão.

Com base nessa pesquisa, você encontrará profissionais talentosos e loucos para deixar a própria marca no mundo. Muita gente boa vive à sombra de um chefe incompetente que usa os outros só para se manter no cargo e que nunca compartilha os louros do sucesso. Esse profissional está de coração aberto para receber uma proposta que o ajude a dar um grande passo na carreira e a fazer a diferença no mundo. Gente boa quer trabalhar com gente boa – e não aguenta responder a gente incompetente.

Esse é um fato que aprendi ao longo dos últimos quinze anos, enquanto buscava profissionais para formar meus times, e que não pode ser menosprezado: as pessoas querem trabalhar por algo maior. E isso fica ainda mais evidente quando falamos da geração à qual pertenço: os *millennials*, ou geração Y. Ou seja, esse pessoal que nasceu a partir de 1982 e hoje está na faixa dos 30 e poucos anos e não consegue trabalhar apenas para ganhar dinheiro ou ter estabilidade. É no trabalho que muitos deles se realizam e se sentem capazes de liderar mudanças.

Foi isso o que revelou o estudo The 2017 Millennial Survey que entrevistou 7.900 pessoas em trinta países – entre eles, o Brasil. De acordo com um trecho do relatório:

> É no ambiente de trabalho que os *millennials* se sentem mais influentes e, por sua vez, mais responsáveis. Esse é um ponto importante para as empresas, que devem oferecer maneiras para que os funcionários possam construir um senso pessoal de propósito que, em última análise, ajuda a construir uma força de trabalho mais engajada. Os *millennials* acreditam que eles têm o maior nível de responsabilidade e influência sobre a satisfação do cliente. Diante desse cenário, podemos concluir que os *millennials* estão, em geral, trabalhando em ambientes em que se sentem no controle e com poder – algo que contrasta, talvez, com o mundo menos estável que existe fora do local de trabalho.[26]

Em outras palavras, trabalha bem quem se sente empoderado para trabalhar. E não há locais com mais empoderamento do que startups em início de operação. Afinal, todo mundo tem de fazer tudo e os resultados são totalmente influenciados pelos esforços de quem toca a operação.

---

[26] THE DELOITTE Millennial Survey 2017. Apprehensive Millennials: Seeking Stability and Opportunities in an Uncertain World. Disponível em: www2.deloitte.com/global/en/pages/about-deloitte/articles/millennialsurvey.html. Acesso em: 21 set. 2020.

COMO CONSTRUIR MEU TIME

Outra maneira interessante de conseguir pessoas para formar seu time é frequentar eventos, palestras e feiras da área em que atua o profissional que você busca. Quem vai a encontros desse tipo está interessado em se desenvolver pessoalmente e, também, em ampliar o network, por isso, as aproximações costumam ser mais naturais. Foi o meu caso. Eu conheci Daniel Cohen, um dos meus sócios na Easy Taxi, durante a Startup Weekend, quando a ideia da empresa nasceu. Os outros dois, Vinicius Gracia e Marcio William, vieram por indicações de amigos.

ENTREVISTE O TEMPO TODO

Para você achar gente boa, tem de conversar com muitas pessoas. Lemann, por exemplo, afirma que entrevista milhares de pessoas todos os anos e eu sigo o exemplo dele. Gasto boa parte do meu tempo vasculhando perfis de profissionais que podem ajudar no crescimento dos meus negócios. Quando encontro gente bacana, marco uma conversa – não necessariamente tenho uma vaga aberta e posso encerrar o bate-papo com a proposta de emprego, mas é bom sempre ter pessoas-chave à vista para quando a oportunidade surgir.

Por isso, o que faço não são entrevistas tradicionais de emprego com perguntas como quais são os pontos fortes e fracos do candidato, mas estabeleço conversas estratégicas nas quais o outro tende a ficar totalmente à vontade – o que nem sempre é fácil.

Uma das grandes lições que aprendi entrevistando milhares de pessoas ao longo dos anos como empreendedor é que todo mundo fica incomodado em entrevistas de emprego. Afinal, é muito chato lidar com aquele joguinho de entrevistador versus entrevistado em que tudo o que uma das partes quer é colocar a outra em xeque ou encontrar alguma incongruência de discurso, o que se torna uma experiência totalmente desagradável.

Se você está entrevistando alguém, é porque eventualmente essa pessoa pode se tornar parte do seu time, certo? E não é nada bom iniciar com o pé esquerdo um relacionamento com alguém que conviverá com você entre 50 e 70 horas semanais. Esse cenário me fez começar a encarar as entrevistas como um primeiro encontro com uma pessoa na qual tenho interesse.

Quando você convida alguém para sair, não cria uma atmosfera de tensão. Pelo contrário, a atmosfera deve ser agradável, para deixar a outra pessoa totalmente à vontade e extrair as informações relevantes aos poucos, com naturalidade. Pois é. Uma entrevista não deveria ser diferente de um primeiro encontro. Afinal, esse momento nada mais é que o início de um relacionamento em potencial que pode se tornar duradouro.

As entrevistas fazem parte da minha rotina. Eu realmente dedico bastante tempo a elas. Essa, aliás, foi uma questão que discuti em minha mentoria com o Lemann, pois eu me sentia inseguro com o fato de gastar tempo demais conversando com potenciais funcionários da Easy Taxi.

Para você ter uma ideia, Dennis Wang, co-CEO da companhia e presidente da empresa na época, e eu dispendíamos 25% de nosso tempo diário em entrevistas. Por isso, tive receio de que pudesse estar me afastando de questões estratégicas da companhia porque me dedicava muito aos futuros colaboradores. No entanto, Lemann me deixou aliviado ao dizer que a principal atribuição de um líder é buscar e formar gente boa. Desde então, estudo novas formas de recrutar bem.

COMO CONSTRUIR MEU TIME

APRENDA COM O GOOGLE

Como conduzo muitos processos seletivos, tive de criar um método de seleção – caso contrário, tudo ficaria completamente caótico. Depois de ler muito sobre o tema, cheguei a um livro que me ajudou a desenvolver a metodologia que uso hoje; trata-se de *Como o Google funciona* (Intrínseca), de Eric Schmidt e Jonathan Rosenberg, dois ex-executivos da companhia de tecnologia. A obra trouxe algumas lições que aplico para a minha vida de empreendedor:

- Contrate pessoas que sejam *smart creatives*, ou seja, que consigam combinar criatividade com inteligência de execução;
- Delegue a todos na empresa a tarefa de recrutar gente boa, assim eles se sentirão responsáveis em construir um bom time e, consequentemente, motivados, ampliando, é claro, as chances de recrutar pessoas que agreguem valor para a companhia;
- Divida com o time o poder de decisão sobre a contratação de um novo profissional, afinal, recrutar é sempre um pouco subjetivo, então, quanto mais gente avaliar a contratação, melhor, diminuindo as chances de erro.

Estes dois últimos tópicos, aliás, são extremamente importantes para Schmidt e Rosenberg. Eles acreditam que o sucesso da contratação é maior quando o candidato é entrevistado por profissionais de áreas distintas. Essa atitude gera pluralidade de opiniões e amplia as chances de que alguém note algo relevante que poderia ser negligenciado. Por exemplo, um colaborador da área de operações pode notar alguma questão importante em um candidato da área de tecnologia que o chefe direto para a vaga não teria notado. Em geral, não se trata de uma questão técnica, mas comportamental, que alguém com um olhar mais distanciado pode perceber.

A partir daí, costumo analisar três parâmetros que me ajudam a entender se o candidato é, ou não, uma boa opção:

1. **Inteligência/capacidade de aprendizagem**

    Não me importo nem um pouco com a experiência. Vivemos em um mundo que muda constantemente em uma velocidade exponencial. Portanto, prefiro pessoas inteligentes e capazes de aprender rápido a pessoas experientes que não conseguem se desenvolver na velocidade necessária para participar de uma startup.

2. **Commitment/engajamento com alguma causa**

    O nível de commitment de um candidato com a missão que lhe será atribuída é sem dúvida um dos principais indicadores de sucesso na organização. De nada adianta um colaborador muito inteligente, mas preguiçoso, que não entrega. DETALHE: eu adoro profissionais preguiçosos, pois eles tendem a ser os mais inteligentes e rápidos do mercado; no entanto, este é um tipo raro de preguiçoso – chamo de preguiçoso-produtivo. É aquele profissional que de tão preguiçoso tenta automatizar ao máximo seu trabalho para entregá-lo (com qualidade) o mais rápido possível.

COMO CONSTRUIR MEU TIME

3. Independência

Existe um termo em inglês que descreve exatamente o tipo de pessoa que busco: street smart, que, se traduzíssemos, seria algo como "esperteza das ruas". Esse tipo de perfil sabe se virar diante da maioria das situações; é o famoso esperto. É claro que podem existir efeitos colaterais em contratar espertinhos, mas, se bem orientados, engajados e inteligentes, esses profissionais se tornam armas poderosas para cumprir a missão da empresa ao seu lado. Afinal, eles querem fazer acontecer. E é disso que a gente precisa.

Com esses dados em mente, preencho um documento que me ajuda a avaliar os aspectos mais importantes de um candidato. Nessa planilha, estão as seguintes categorias:

- **Alinhamento com a cultura organizacional:** nas minhas empresas, não contratamos egoístas, por exemplo. Você deve sempre evitar os babacas brilhantes, na minha opinião. Não importa quão competente um profissional seja, se ele não se der bem com o time, não terá lugar;
- **Alinhamento com a vaga:** o candidato deve ter as competências comportamentais necessárias para determinada função;
- **Conhecimento técnico para a função:** é importante salientar que pouco me importa se o candidato fez um curso X ou uma faculdade Y, que teoricamente comprovam o conhecimento técnico. O importante é a capacidade de execução diante das funções que terá de exercer no dia a dia;

- **Potencial para formar sucessores que podem assumir a sua função:** o profissional deve demonstrar habilidades de liderança e ter competência para desenvolver pessoas que possam ocupar sua função, caso seja promovido, por exemplo.

De acordo com esses parâmetros, atribuo um peso de 1 a 4, em que:

    1. Não contrataria de jeito nenhum;
    2. Não é bom o suficiente para a empresa;
    3. É um bom candidato;
    4. Se não contratarmos, estamos loucos.

Exemplo de planilha de contratação de novos profissionais

Entrevistador	Dia da entrevista	Vaga	Nome	LinkedIn	E-mail	Canal	Fit c/ a cultura	Fit c/ a vaga	Conhecimento técnico p/ a função	Potencial de formar novas pessoas p/ a função
Tallis Gomes	01/01/17	COO	Candidato 1	linked.com/cand1	cand1@candidato.com.br	palestra	1	1	2	2
Tallis Gomes	01/01/17	COO	Candidato 2	linked.com/cand2	cand2@candidato.com.br	site	1	3	3	4

Como comentei anteriormente, você não precisa estar com uma vaga aberta para achar pessoas boas. Um líder tem de estar atrás de gente competente – e que tenha o perfil alinhado à cultura organizacional da empresa – o tempo todo. Quanto mais você conhece pessoas, mais terá chances de formar um banco de talentos excelente que deve ser acionado todas as vezes que precisar contratar para expandir.

Hoje, manter contato com gente boa é mais fácil – o LinkedIn conecta milhões de perfis de profissionais. Além disso, é possível atrair pessoas bacanas por meio de artigos nessa rede social (que atraem comentários de profissionais interessantes e aumentam a visibilidade da empresa); de palestras em feiras, eventos e universidades; e, é claro, na imprensa. Este último caso é mais difícil – afinal, um jornalista precisa se interessar naturalmente pela história de sua empresa –, mas gera um sentimento de satisfação enorme na equipe.

Procure, também, esquecer que existe um cargo X, Y ou Z para determinada pessoa. Não vá para a rua pensando que deve contratar CFO, COO, CTO ou quaisquer dessas siglas, mas pensando nas competências de que precisa naquele candidato – tanto as técnicas quanto as comportamentais. No fim do dia, entrega muito mais quem topa trabalhar por uma causa e tem sangue nos olhos para executar do que quem só quer saber qual cargo estará estampado no crachá.

Esse aspecto é ainda mais importante no início da empresa, pois, nesse momento, todos têm de fazer de tudo um pouco. Se o chefe de tecnologia não está disposto a pegar o telefone para ajudar no suporte ao cliente porque essa tarefa não faz parte de sua função, está no lugar errado. Numa startup, é assim. Mais que isso: todos devem querer fazer de tudo.

Se a equipe está engajada em ouvir o cliente e tomar todas as atitudes necessárias para melhorar o produto, a empresa tem chances de crescer. No entanto, se não estiver a fim de arregaçar as mangas para impedir que o barco afunde, é naufrágio na certa. Por isso, venda o propósito da empresa e as atribuições da vaga, e não o pseudoglamour que a nomenclatura da função proporciona. É o comprometimento de cada membro da equipe em fazer o necessário para a empresa bombar que faz com que um time tenha sucesso.

WEBINARS

No começo de uma startup, trabalhar meio período funciona ou, para realmente dar certo, temos de abrir mão do emprego?

Eu tentei fazer meio período com a Easy Taxi. Na época, eu tocava a Tech Samurai e acreditei que conseguiria conciliar, mas não deu. A Easy demandava muito esforço para decolar e não era mais possível atuar nas duas frentes. Um amigo comprou a minha parte na Tech Samurai e eu pude me dedicar integralmente à Easy Taxi. É claro que as pessoas não podem abrir mão da renda primária e cair de cabeça em um negócio – isso é perigoso, ainda mais para quem depende muito do salário para sustentar a família. Contudo, é muito difícil o negócio deslanchar quando você não tem tempo para se dedicar a ele – e isso significa ter cerca de 14 horas diárias de dedicação. Se no começo for impossível, toque meio período, mas o crescimento será mais lento e, uma hora ou outra, o negócio exigirá dedicação total.

O que é melhor, uma equipe experiente que voa alto desde o início ou gente inteligente, mas ainda inexperiente?

Gosto de pessoas jovens, famintas de crescimento e que queiram se desenvolver. Prefiro esse perfil porque, na maioria dos casos, o cara muito experiente acredita que sabe tudo e não se atualiza. Por isso, opto por pessoas com humildade para aprender e vontade de crescer. É claro que não podemos generalizar, porque, em alguns casos, profissionais experientes também têm esse perfil de busca por desenvolvimento pessoal constante.

COMO CONSTRUIR MEU TIME

Na sua opinião, de 0 a 10, qual é a chance de uma startup que terceirizou o processo de programação dar certo?

Depende do estágio, se for apenas no período do MVP, tudo bem. Depois disso, não recomendo a terceirização de produto. A essência de uma startup é um grupo de pessoas em busca de um modelo escalável de negócio. Para isso, é preciso ter um time interno que se dedique integralmente ao produto e entenda a dor do cliente. Sem isso, não dá certo. Vejo muitas pessoas oferecer ações da empresa como remuneração para a empresa prestadora de serviços, o que é um erro terrível. No próximo capítulo, vamos falar sobre ações, mas você só deve trabalhar com esse tipo de recompensa com quem está com você dedicando a vida, o tempo todo, para a empresa.

CAPÍTULO 6

DIREITO BÁSICO PARA *FOUNDERS*

Como eu disse no início deste livro, empreender no Brasil não é para amadores. Se você acredita que conseguirá construir um negócio que em seis meses renderá lucros e lhe pagará um pró-labore (salário), tire seu cavalinho da chuva. A burocracia excessiva torna nosso país um dos mais difíceis para os empreendedores. Mesmo assim, há muita demanda por começar o próprio negócio.

A consultoria Expert Market fez uma pesquisa bem interessante sobre esse tema, batizada de "Os empreendedores mais determinados do mundo",[27] em que cruzou a velocidade de abertura de em-

---

[27] KELEHER, Jared. *The World's Most Entrepreneurial Countries. Focus.* Disponível em: www.expert-market.com/focus/research/most-determined-entrepreneurs. Acesso em: 21 set. 2020.

presas com o número de empreendimentos abertos com base nos dados do Banco Mundial.

O Brasil tem sua contradição. Embora o país esteja em 175º lugar na velocidade de abertura de empresas, é o 45º no número de empreendedores per capita, o que nos coloca em 5º lugar na lista de empreendedores mais determinados do mundo – isso reflete bem a máxima do "sou brasileiro, não desisto nunca".

Embora perseverança seja importante quando queremos empreender, é preciso tomar cuidado com aspectos legais, pois, além de sermos o país dos perseverantes, somos o país dos impostos, da burocracia, das leis que mudam a toda hora. Esse cenário atrasa o empreendedorismo e pode até levar para a cadeia um empreendedor desavisado.

Por isso quero lhe mostrar os aspectos legais aos quais precisamos prestar atenção ao começar uma empresa. Para construir este capítulo, contei com a ajuda de Felipe Barreto Veiga, grande amigo e sócio da BVA Advogados – Barreto Veiga & Advogados, com quem conduzi um webinar. Felipe é especializado em Direito Empresarial, propriedade intelectual e tecnologia da informação, por isso entende bem do universo das startups.

Antes de entrarmos nos aspectos práticos, quero contar uma história para convencê-lo de que é, sim, muito importante estudar as questões legais nesse momento. Não se trata de excesso de zelo, mas, sim, de necessidade básica.

Em 2011, no início da Easy Taxi, eu ainda tocava outra empresa, a Tech Samurai. Por isso, não conseguia me dedicar 100% à nova companhia e trabalhava meio período. Senti que a empresa não estava decolando da maneira como eu gostaria e chamei um profissional para exercer a minha função na Easy durante o dia, momento em que eu não tinha disponibilidade de trabalhar.

Como não tínhamos caixa, fiz algo que é bem comum em startups (e que vamos discutir logo mais): cedi uma porcentagem relevante de ações da Easy Taxi para ele. Assim, ele faria parte do quadro societário e, em um evento de liquidez, faria jus à ausência de salário no momento inicial.

No entanto, esse profissional, nos três meses que ficou conosco, não entregou o que tinha sido contratado para entregar. Sua performance ficou muito abaixo da esperada e, assim, eu lhe comuniquei que não ficaria mais conosco. Todavia, era tudo informal. A Easy Taxi nem tinha CNPJ ainda, mas já chamava a atenção do mercado. Havíamos ganhado vários prêmios e aparecíamos na mídia.

Então, ao perceber que tinha a oportunidade de nos processar, um dia, esse ex-funcionário entrou com uma ação judicial contra a empresa. Eu não tinha dinheiro para pagar o que os advogados dele pediam. Pior ainda: não tinha dinheiro nem para contratar advogados para defender a Easy Taxi. Se eu não fizesse nada, a empresa fecharia e eu ficaria com um processo absurdo nas costas.

A solução, então, foi procurar um escritório de advocacia e fazer um *pitch*, jargão das startups para as apresentações da empresa a possíveis investidores ou sócios. Meu sócio, Daniel Cohen, conhecia, na época, um advogado de uma respeitada empresa do Rio de Janeiro, a Gaia, Silva, Gaede Advogados, com quem conseguiu uma reunião importante.

Eu me senti como o último batedor de pênalti em uma final de Copa do Mundo: o cara que poderia se consagrar naquele momento levando o título para casa, ou que seria odiado para sempre por desperdiçar aquela oportunidade. Preparei-me bem e encarei a reunião como se estivesse fazendo um *pitch* para investidores. Vendi a empresa de forma que os advogados entendessem o nosso propósito e enxergassem o problema gigante que estávamos resolvendo.

Expliquei a situação, disse que não tinha o dinheiro para bancar os honorários, mas que pagaria assim que recebesse o aporte, que estávamos em vias de negociar. Naquele momento, falávamos com alguns fundos de investimento, mas não tínhamos absolutamente nada de concreto. Na verdade, estávamos muito longe disso.

No entanto, uma das grandes lições que aprendi nesta vida maluca de empreendedor é "*fake it until you make it*" (ou "finja até que você consiga", em uma tradução livre). O meu dever ali era dar conforto ao escritório, garantir que eles receberiam a grana.

Ao mesmo tempo, eu não poderia prometer equity (ou ações) aos advogados, o que seria um grande erro, tampouco poderia assumir aquela dívida como pessoa física, caso não conseguisse captar o investimento. Depois de mais ou menos duas horas de reunião, atingi o objetivo: magicamente o Gaia aceitou assumir nosso caso, defender-nos contra o antigo funcionário e ainda nos ajudar com a parte legal do *fundraising* (captação de investimento).

Com um tiro, acertamos dois coelhos. Nesse dia, nossa sorte começou a mudar na Easy Taxi. Conseguimos negociar com o antigo funcionário, pegamos praticamente todo o caixa da Easy Taxi para pagar o acordo e não falimos, apesar de termos ficado com 5 mil reais negativos em caixa. No entanto, estive muito perto de fechar a empresa. Muito perto mesmo.

UMA DAS GRANDES LIÇÕES QUE APRENDI NESTA VIDA MALUCA DE EMPREENDEDOR É "FAKE IT UNTIL YOU MAKE IT" (OU "FINJA ATÉ QUE VOCÊ CONSIGA", EM UMA TRADUÇÃO LIVRE). O MEU DEVER ALI ERA DAR CONFORTO AO ESCRITÓRIO, GARANTIR QUE ELES RECEBERIAM A GRANA.

Isso só aconteceu porque não tomei alguns cuidados legais importantíssimos e que ainda não conhecia. Tive de aprender na marra que, para abrir uma empresa, você precisa, sim, de algum dinheiro – principalmente para pagar o advogado que cuidará dos principais pontos do início da sua companhia, como o acordo de acionistas. Não precisa ser um escritório caro, nada disso, mas você precisa de alguém de confiança e que seja especialista em Direito Societário – este é um ponto muito delicado, visto que grande parte dos casos de fracasso prematuro vem de brigas societárias.

CONTRATO E RESPONSABILIDADES

É muito difícil começar a startup sem um sócio. Como disse no capítulo anterior, é preciso ter alguém com as competências que não são o seu forte, para fazer a empresa decolar. Seu sócio será seu primeiro empregado e seu primeiro cliente – você terá de convencê-lo de que é uma boa ideia trabalhar 70 horas por semana por um projeto que tem riscos de não dar certo.

E, para convencer um cara bom, muita gente promete mundos e fundos que não vai poder pagar depois. Ou se ilude achando que o sócio se dedicará parcialmente para depois fazer a transição total, o que em geral não acontece no futuro.

O início da sociedade é parecido com o começo de um namoro. A gente está tão apaixonado, que nem pensa no amanhã e tolera todos os defeitos do outro, mas as sociedades não são casamentos – nem os casamentos são eternos.

No caso da empresa, essa cegueira inicial pode se transformar num tormento e prejudicar a companhia – em muitos casos, as empresas acabam porque os sócios se desentenderam e as regras do jogo não haviam sido bem definidas previamente.

Por isso, quando encontrar o seu sócio, antes de tirar o CNPJ, faça um contrato. Não é porque sua empresa é uma startup, que tudo tem de ser informal. Nesse contrato social, devem constar as responsabilidades de cada um, as entregas que cada parte tem de executar em determinado período de tempo, questões relacionadas aos custos iniciais da operação e os termos de uma hipotética saída de um dos sócios e como seria conduzida uma sucessão, por exemplo. Se for possível estabelecer as participações neste momento, melhor ainda. Elas serão refletidas, no futuro, no contrato social da empresa e você desde já estará resguardado.

Não precisa ser um documento muito complexo e você pode moldá-lo de acordo com suas necessidades, mas ali precisam constar, de maneira clara e objetiva, quais são as principais responsabilidades e orientações para problemas que podem ocorrer no futuro. É importante, também, ter um memorando com as atividades do dia a dia da empresa para deixar claras as funções de cada um.

Assim, em qualquer discussão, é só consultar o documento e alinhar os comportamentos. No entanto, esse é o mundo ideal recomendado pelos advogados. No calor da realidade, sabemos que as responsabilidades mudam sempre e que muitas vezes nem sabemos quais são as atividades que precisaremos performar para colocar o negócio para rodar.

De qualquer forma, é melhor mudar algo posteriormente do que começar sem nada e assumir o risco de ver seu sonho ir por água abaixo por causa de negligência jurídica. Confie em mim, não é nada bonito passar por essa situação. Caso não consiga redigir um contrato, lembre-se de que um e-mail trocado entre os sócios e claramente acordado entre as partes já tem, de certa forma, uma função jurídica.

Antes de começar qualquer coisa, procure se proteger. Um e-mail pode ajudar nessa proteção, então não comece nada sem essa troca de mensagens. Um documento escrito ajuda no momento embrionário de sua empresa e prova alguns pontos que podem ser relevantes em uma separação futura.

Contudo, não fique na informalidade por muito tempo. Assim que colocar seu produto na rua, registre o CNPJ de sua empresa, afinal, a partir de agora, você pode ter despesas e faturamento. Antes de tirar o CNPJ, preste atenção ao escolher a sua classificação fiscal (o CNAE). Ela deve estar alinhada ao core do seu negócio, ou seja, o mais próxima possível da atividade que você exercerá, para não correr o risco de recolher impostos a maior (e prejudicar o caixa) ou a menor (e estar sujeito a fiscalizações do leão).

Para tirar o CNPJ, é preciso fazer a divisão de capital da empresa e estabelecer as participações de cada um. Se optar por uma sociedade 50%-50%, não existe muita necessidade de um acordo de sócios, mas, se seus sócios têm perfis diferentes e você quer fazer uma divisão com outras porcentagens, é preciso ter um acordo que deixe as regras bem claras – inclusive porque este acordo influencia na entrada de investidores e novos sócios.

DIVISÃO DE AÇÕES

Um negócio em fase inicial geralmente não tem recursos para a contratação de pessoas; por isso, é comum que os fundadores usem equity (cotas ou ações da companhia) para remunerar seus primeiros funcionários e sócios.

No entanto, para isso, a primeira regra é separar um percentual das ações (ou um equity pool, no jargão do mercado) para construir seu time. Você terá de abrir mão desse percentual, mas lembre-se de que 100% de nada vale... nada! E sem time, sua empresa será nada mais que uma bela ideia no papel. Então, não caia na ilusão de que terá uma equipe e uma empresa de sucesso sem abrir mão de grande parte do seu negócio.

Na Easy Taxi, por exemplo, dividimos a empresa da seguinte forma:

EU **40%**
DANIEL **25%**
MARCIO **20%**
VINICIUS.. **15%**

A divisão foi feita dessa forma porque a ideia do negócio foi minha e logo comecei a trabalhar na Startup Weekend, com o Daniel, que tocava o negócio comigo. Ele, que foi peça-chave para o sucesso da companhia, não se importava que eu detivesse mais equity, pois reconhecia que eu havia trazido a ideia ao grupo e, por isso, merecia mais.

Vinicius e Marcio, que tocavam a tecnologia, também concordaram com essa porcentagem. O time recebeu equity proporcionalmente ao tempo em que ingressaram na Easy Taxi. Quanto mais cedo entravam, maior a porcentagem de ações.

Eu jamais conseguiria ter construído um dos negócios de maior sucesso da história da internet sem a ajuda dos meus sócios. Portanto, ter largado nessa prova com 40% não me fez pensar que poderia ter mais, mas em colocar a companhia de pé ao lado de pessoas altamente capacitadas e em busca de um objetivo em comum: transformar a mobilidade nas grandes cidades.

DIREITO BÁSICO PARA *FOUNDERS*

Para que a sua empresa dê certo e para atrair gente realmente boa, desapegue de suas ações e lembre-se deste mantra: 100% de nada = nada. Quem fica apegado não consegue desenvolver o produto e, inevitavelmente, fracassa. Por isso, desapegue. Só assim é possível construir bons times, como fiz com a Easy Taxi e a Singu.

Recomendo, assim, que todos os elegíveis a equity entrem em um contrato de **vesting** de pelo menos quatro anos e em um contrato de **cliff** de um ano. Calma, vou explicar o que são esses termos estranhos:

Vesting: é o contrato que "veste" uma das partes (o sócio ou o funcionário) com o direito para receber equity na companhia. Para fazer jus a este direito, pode-se, por exemplo, estabelecer metas e métricas para o sócio ou o funcionário que, se alcançadas, dão direito ao equity. Um exemplo: se para ter direito a 20% das ações em quatro anos ele precise atingir uma meta de performance (vendas ou faturamento), ao final de cada ano, caso ele atinja a meta anual, terá o direito a 5%, do equity. Caso bata novamente a meta no ano seguinte, mais 5%, e assim por diante, até chegar ao limite de 20%.

Cliff: outro contrato que coloca o sócio em um regime probatório por um período predeterminado, garantindo que o sócio ou o funcionário permanecerá algum tempo na empresa para que tenha direito ao equity previsto no contrato de *vesting*. Assim, se ele resolver sair da sociedade antes do prazo de *cliff* ou se o fundador resolver tirá-lo da sociedade antes, ele perderá o direito de fazer o *vesting* proporcionalmente às suas ações naquele período.

Esses dois mecanismos dão segurança ao fundador e impedem processos que possam prejudicar a vida financeira da empresa e levá-la à falência. Em outras palavras, se o cara não for aquilo que você esperava, você pode "cliffá-lo" da sociedade, sem prejuízo para a organização. Vale dizer, porém, que os contratos de *vesting* para funcionários não extinguem riscos trabalhistas com relação ao contrato de trabalho. O funcionário vira sócio somente quando faz jus ao direito ao *vesting* e passa a ter equity. Até lá, é bom ter em mente que este funcionário pode, um dia, não ter equity e ainda exigir direitos trabalhistas.

Assim que os sócios concordarem com seus percentuais e os mecanismos de uso, defina também um *equity pool* para remunerar os primeiros funcionários. No começo, sua companhia não terá caixa para oferecer salários compatíveis com os do mercado, então, a distribuição de *stock options* (opções de compra de ações da companhia) aos colaboradores torna-se uma alternativa para atrair grandes talentos.

Dediquei alguns parágrafos às lições básicas de Direito Societário que todo *founder* deve conhecer, mas tenha um excelente advogado ao seu lado desde o início, para orientá-lo com exatidão na redação desses acordos.

Bons negócios afundam frequentemente por brigas societárias, o que é frequente em novas empresas. Se seu negócio morrerá ou não em razão desse tipo de discussão, é a maneira como o acordo foi costurado entre os sócios que decidirá. Por isso, se há uma lição a aprender neste capítulo é a seguinte: não comece sua empresa sem um advogado. Não economize dinheiro com advogados nesse momento. Talvez você tenha de gastar muito mais no futuro porque não estava juridicamente bem amparado no início.

WEBINARS

Quais são os percentuais corretos para a divisão de ações entre os sócios?

O percentual deve ser relativo a quanto cada um está investindo no jogo. Eu tendo a não gostar de sociedade 50/50 porque acredito que alguém sempre tem de assumir a liderança. Na Singu, por exemplo, eu tenho 80%, mas isso acontece porque eu aportei capital. De todo modo, você tem de dividir as ações de acordo com as entregas e as responsabilidades de cada um.

É ideal possuir esses contratos e acordos antes de validar o MVP?

Nesse momento, você nem sabe ainda se o seu modelo de negócio faz sentido. Mesmo assim, vale a pena ter pelo menos um e-mail com as regras societárias básicas, apenas para protegê-lo em qualquer disputa futura.

CAPÍTULO 7

COMO LEVANTAR CAPITAL

Mais uma vez preciso jogar luz numa dura realidade: é praticamente impossível conseguir *funding* (ou investimento) para a sua startup no Brasil. Por aqui, a taxa Selic costuma ser muito alta – chegamos aos 14,25% em abril de 2016, por exemplo – o que quer dizer que qualquer carteira de investimentos minimamente bem administrada costuma entregar por volta de 20% ao ano de retorno ao investidor. Então, coloque-se no lugar de um investidor agora e decida entre as duas opções de investimento a seguir:

COMO LEVANTAR CAPITAL

(I) Investir em um ativo de baixo risco que lhe dará, com certeza, um retorno de aproximadamente 20% ao ano;

(II) Investir em um ativo de altíssimo risco que poderá lhe dar um retorno, em média, dez vezes maior. O risco é grande porque não existe um track record (termo financeiro para histórico de desempenho) de sucesso nesse tipo de investimento e o retorno – se acontecer – levará de três a cinco anos.

Se você tivesse de colocar o seu dinheiro em uma dessas opções, qual escolheria? Provavelmente a primeira, certo? Pois é, os loucos o suficiente para escolher a opção (II) são visionários e/ou pessoas extremamente ricas que usam essa alternativa para diversificar sua carteira de investimentos.

Agora, se conseguíssemos desaparelhar e, consequentemente, desinflar o Estado brasileiro, as coisas seriam diferentes. Teríamos uma melhora nos principais índices econômicos, ganharíamos a confiança dos investidores e os juros cairiam, o que faria com que os investidores buscassem alternativas de risco para valorizar o capital – entre elas, as startups.

Esse é um dos motivos que fazem com que a realidade do empreendedorismo no Brasil seja tão diferente da realidade dos Estados Unidos. Lá é muito mais fácil encontrar investimento porque o país tem uma taxa de juros negativa, o que força o investidor a buscar alternativas de maior risco para valorizar seu patrimônio. Isso acontece porque, sendo os juros negativos, o investidor norte-americano tem duas opções: ou corre riscos ou vê o dinheiro minguar.

Por isso, meu objetivo com este capítulo é mostrar o caminho das pedras para conseguir dinheiro aqui no Brasil – sem fazer comparações com o que acontece lá fora. Não adianta choramingar e espernear porque é difícil. Se quiser empreender, tem de trabalhar com a realidade em que está inserido e encontrar maneiras para captar recursos. Como já consegui levantar mais de 250 milhões de reais para a Easy Taxi, quero dividir o que sei sobre o tema neste livro, que é um guia de empreendedorismo.

Embora o cenário seja difícil, há algumas boas notícias. As start-ups brasileiras movimentaram 784 milhões de reais entre julho de 2014 e junho de 2015: um aumento de 14% em relação ao mesmo período nos anos anteriores (2013-2014), de acordo com a pesquisa Lado/A, Lado/B, Startups, feita pelo Sebrae e lançada em fevereiro de 2016, que revelou como é a relação entre empreendedores e investidores.[28]

Para chegar aos resultados, o pessoal do Sebrae aplicou pesquisas quantitativas em 95 empreendedores e 30 investidores; e qualitativas em 18 empreendedores e 13 investidores. O estudo revelou, por exemplo, que 80% dos empreendedores começaram suas start-ups com recursos próprios, como eu na Easy Taxi. Lembra que tive de vender meu carro para bancar a companhia no começo?

Pois bem, essa é a realidade de grande parte daqueles que tocam uma startup e existe até um termo em inglês para ilustrar melhor: *bootstrapping*, que, numa tradução literal, significa aquela alcinha da parte de trás de uma bota, por exemplo, que ajuda na hora de calçá-la. A expressão, no entanto, é usada pelos ingleses com o significado de "erguer a si mesmo pelas alças das botas" e empregada em situações que parecem impossíveis – como empreender só com a grana do próprio bolso.

---

28 SEBRAE. Pesquisa *Lado/A, Lado/B, Startups*, 2015. Disponível em: https://www.sebrae.com.br/Sebrae/Portal%20Sebrae/UFs/SP/Pesquisas/lado_A_B_startups.pdf. Acesso em: 22 set. 2020.

Outro dado importante da pesquisa é que 50% dos fundadores de startups ficam por dois ou três anos sem receber salário. Aqui está um ponto delicado e no qual você precisa prestar muita atenção. Empreender é difícil. A maioria dos negócios não dá certo de primeira e você tem de abrir mão de muita coisa para fazer funcionar, como abrir mão de seu ganho pessoal.

No começo da Easy Taxi, eu também não tinha salário e tive de me virar para conseguir dinheiro: panfletei em porta de boate, fiz serviço de *vallet*, fiz bastante freela, enfim, eu me virei para não passar fome. Sabe aquela máxima do "faça o que eu digo, mas não faça o que eu faço"? Vamos aplicá-la aqui: eu não poderia me arriscar, mas mesmo assim me arrisquei.

No mundo ideal, você tem de analisar friamente se pode – ou não – abdicar de uma renda fixa todos os meses. Pense muito bem sobre isso, porque uma empresa, quando dá certo, não se torna grande do dia para a noite, tampouco pode lhe pagar um salário em pouco tempo – é preciso pelo menos um ano até que você comece a tirar 1 real de sua startup.

Não escrevo isto para desestimular ninguém, apenas para fazer um alerta: empreender em startups é um negócio de altíssimo risco, tanto para os fundadores quanto para os investidores. Se muita gente depende do dinheiro que você ganha no seu emprego para sobreviver, talvez não seja uma boa ideia largar tudo e se dedicar a uma startup até alcançar o sucesso.

QUEM SÃO OS INVESTIDORES?

De acordo com a pesquisa do Sebrae, os investidores brasileiros são profissionais do mercado, altamente qualificados, que já tiveram experiência como executivos ou empreendedores. Embora tenham o mesmo objetivo – desenvolver o ecossistema –, atuam de forma híbrida: mentorias, programas de aceleração, *networking* e, até, como investidores. Atuam nas universidades, escolas de negócios, incubadoras, aceleradoras, espaços de *coworking* e associações. Em São Paulo, a maioria atua há cerca de seis anos com startups, o que comprova que nosso ecossistema é ainda recente. São, também, profissionais altamente qualificados que vieram de empresas, do mercado financeiro e de universidades.[29]

Existem investidores para poucas fases da sua startup. No Brasil, é mais comum conseguir investimento *Angel* e *Series A* (quando a startup já tem um time além dos fundadores, criou uma boa carteira de clientes e já começa a ganhar dinheiro com o produto oferecido). Exceto nesse cenário, seria bem difícil achar investidores pelo Brasil.

A maioria dos investidores prefere investir em startups que já estão em operação, o que não quer dizer que não haja investidores de startups na fase de ideação (momento em que você está buscando o modelo de negócio). Se o time tem *track record* positivo (quer dizer, tenha feito algum negócio que deu certo anteriormente ou tenha estudado em universidades de primeira linha), talvez consiga um investidor para algum projeto ainda no Power-Point. No entanto, é muito difícil. No geral, como diria meu avô, "ideia vale 10 centavos a bacia".

---

29 Ibid.

COMO LEVANTAR CAPITAL

Uma boa porta de entrada para conseguir investimento nas fases iniciais do seu negócio são os *family offices*: os escritórios que cuidam do dinheiro das famílias ricas são hoje o melhor canal para buscar investimento no Brasil.

A pesquisa do Sebrae afirma que apenas 10% dos empreendedores concordam com a ideia de que é ruim investir em empresas que ainda não começaram a operar, mas, na prática, é bem difícil encontrar quem esteja disposto a apostar em uma companhia que ainda não rodou o produto. Contudo, esses investidores de *family offices* estão a fim de arriscar.

Agora, de verdade, por que alguém investe numa empresa que pode dar muito errado? São dois fatores primordiais: a ideia e o time – principalmente o time. Como já comentei, uma ideia boa nas mãos de um time ruim se torna no máximo um projeto bonitinho. No entanto, um time bom consegue transformar até uma ideia ruim numa ideia boa, pivotando até achar um modelo escalável e replicável. Um time bom com uma ideia boa, então, tem grandes chances de sucesso. Na pesquisa do Sebrae, os investidores apontaram quatro características que ajudam a dar aquele brilho no olho:

1. Comprometimento do empreendedor;
2. Ideia inovadora com diferencial claro diante dos concorrentes;
3. Equipe formada por pessoas com habilidades complementares;
4. Capacidade de execução da ideia.

A pesquisa afirma também que "mais do que a ideia, [os investidores] avaliam o empreendedor e buscam uma pessoa que realiza, que faz as coisas acontecerem". A sua postura é muito importante – por isso, é bem difícil conseguir investimento sem se dedicar 100% ao negócio. O investidor quer acreditar que o fundador e sua equipe estão totalmente engajados para desenvolver a ideia, aprender rápido e entregar o melhor produto para os clientes. Sem dedicação total, torna-se difícil. E se o time não estiver totalmente dedicado, também.

Lembra que comentei que pega meio mal não ter alguém de tecnologia na equipe e terceirizar tudo? Pois bem. Pega mal porque o investidor não consegue confiar em uma empresa terceirizada que não dá o sangue pelo negócio no qual ele investe. Agora que você já entendeu um pouco do perfil do investidor, explicarei como encontrar esse pessoal.

CORRENDO ATRÁS DO DINHEIRO

No final de 2014, tive a oportunidade de almoçar com um de meus mentores. Ele é uma das pessoas mais experientes em mercados de capitais que conheço. Para entender melhor, ele já trabalhou diretamente com Jorge Paulo Lemann e foi um dos responsáveis por abrir uma butique de investimentos que se tornaria a 3G Capital, uma das mais importantes empresas de *private equity* do mundo. Naquela época, ainda não estava tão claro para o mundo que o Brasil enfrentaria uma das piores crises de todos os tempos. Eu estava colocando a Singu de pé e meu mentor me disse: "Tallis, prepare-se para dias chuvosos; sua ambição em construir algo gigante é invejável, mas este ano vai ser chuvoso". Não deu outra, e entramos numa recessão longuíssima da qual ainda não saímos, enquanto escrevo este livro, no primeiro trimestre de 2017.

A crise, no entanto, não pode se tornar um empecilho para que os empreendedores coloquem as ideias em prática e busquem dinheiro. A vida é injusta e talvez, bem na hora em que começar a atingir o seu *product market fit*, a crise o atrapalhe. Nada acontece da forma como planejamos e é preciso se adaptar a novos cenários – uma competência essencial para os empreendedores e para qualquer espécie, já dizia Charles Darwin no genial A origem das espécies.

Fiz toda essa digressão para que você entenda que, na crise ou fora dela, é preciso se adaptar ao cenário para alcançar o seu investimento. Em tempos mais sombrios, é comum que o investidor lhe fale que a situação econômica o fez mudar a estratégia de diversificação de sua carteira de investimentos e que, por isso, só voltará a conversar daqui a algum tempo. É claro que uma afirmação dessas é um balde de água fria que pode abalá-lo emocionalmente.

Contudo, saiba que você ouvirá muitas respostas desse tipo, seja na crise, seja fora dela. Se pretende ser CEO, acostume-se a ouvir notícias ruins. Os melhores CEOs que conheço concentram-se no que podem fazer, e não no que poderiam ter feito. Em outras palavras, eles mantêm o foco nos próximos passos – sempre! E quais seriam os próximos passos para encontrar investimento quando a situação está difícil?

1. **Nunca feche uma porta.** Um dos principais ativos dos empreendedores é o *networking*; portanto, agradeça ao seu potencial investidor pelo feedback e tente não perder contato, pois ele poderá ser importante em uma rodada posterior. Na pesquisa Lado/A, Lado/B, Startups, do Sebrae, 70% dos investidores dizem que se conectam com empreendedores por meio de *networking*. No começo da Easy Taxi, por exem-

plo, fiz uma lista de pessoas e fundos com que gostaria de conversar e saí em busca do e-mail desse pessoal. Estudei cada um deles, pesquisei suas histórias pessoais ou de suas empresas via LinkedIn, li matérias na internet e estudei o site das companhias, para descobrir sua formação, suas redes de contato, suas crenças e seus valores e, obviamente, seus investimentos. Com esses perfis montados, redigi um e-mail personalizado para cada um deles, de acordo com a estratégia que havia montado.

2. **Crie uma planilha para controle dos status de suas conversas com os potenciais investidores.** Os investidores têm demandas diferentes e, se não se organizar, você se perderá no meio do processo de *fundraising* (nome técnico para captação de recursos). Nessa planilha, coloque os principais dados dos investidores, datas de contato e pendências a serem resolvidas.

3. **Prepare seu *pitch deck*,** ou, em bom português, o PowerPoint com a apresentação da sua startup. Esse documento deve ser sucinto. Lembre-se de que o investidor na sua frente terá mais uma dezena de apresentações para ver naquele mesmo dia. Como comentei, é difícil conseguir um investidor sem um MVP, então, o ideal é partir para as rodadas de investimento com o produto rodando. Na sua apresentação, responda às seguintes perguntas:

    • Qual problema a sua startup resolve?
    • Por que esse problema é relevante?

COMO LEVANTAR CAPITAL

- Qual é o tamanho do mercado endereçável no qual sua startup atuará?
- Qual é o modelo de negócio?
- De quanto dinheiro você precisa?
- Aonde quer chegar com esse investimento e como o usará?
- Quem é o seu time?

Evite, sempre, começar a apresentação dizendo que você quer mudar o mundo. É um clichê que não pega bem. É óbvio que você quer transformar a sociedade, do contrário, não empreenderia. No entanto, a questão aqui é prática: o empreendedor quer saber onde colocará o dinheiro. Para isso, você precisa de poucas telas com informações bem diretas. A vantagem de ter um MVP rodando nessa hora é grande, pois, assim, você terá dados de quanto custa o seu usuário e do tempo médio para recuperar o investimento. Por exemplo: se você investiu 100 reais e adquiriu 50 usuários, quer dizer que seu CAC (customer acquisition cost) é de 2 reais. Se a cada uso o cliente lhe devolve 1 real e sua recorrência média é de um uso a cada 15 dias, em um mês recuperará o investimento. O investidor questionará essas coisas. E perguntará, exatamente, em que você vai aplicar o dinheiro. Um conselho: não minta nem omita informações relevantes. O investidor não é burro e, se você quebrar o laço de confiança com ele, terá sérios problemas no futuro no ecossistema de startups, que é totalmente interligado.

4. Envie um e-mail para cada potencial investidor individualmente com uma breve descrição de qual problema se propõe a resolver, quanto precisa e em que formato. Nunca, porém, em hipótese nenhuma, envie um e-mail genérico com dezenas de outros e-mails em cópia oculta! Você está buscando um sócio para sua startup e não conseguirá se enviar "e-mail marketing".

TIPOS DE INVESTIMENTOS

A partir de agora, quero mostrar os principais tipos de investimentos que a sua empresa pode conseguir. A ideia é detalhar as opções para que você consiga escolher o melhor tipo de investidor para o momento de sua empresa.

Investidor anjo

O investidor anjo nada mais é que uma pessoa física que está a fim de colocar o próprio dinheiro em uma startup que tenha grandes chances de crescer rapidamente e dar retorno sobre o investimento. O site Anjos do Brasil tem uma definição precisa sobre quem são esses investidores e o que eles procuram:

1. Profissionais (empresários, executivos e profissionais liberais) experientes, que agregam valor para o empreendedor com seus conhecimentos, experiência e rede de relacionamentos, além dos recursos financeiros, por isso é conhecido como *smart-money*.
2. Têm normalmente uma participação minoritária no negócio.
3. Não têm posição executiva na empresa, mas apoiam o empreendedor atuando como um mentor/conselheiro. O investidor anjo é normalmente um empreendedor ou executivo que já trilhou uma carreira de sucesso, acumulando recursos suficien-

tes para alocar uma parte (normalmente entre 5% e 10%) do seu patrimônio para investir em novas empresas, bem como aplicar sua experiência apoiando a empresa. É importante observar que, diferentemente [do] que muitos imaginam, o investidor anjo normalmente não é detentor de grandes fortunas, pois o investimento anjo para estes seria muito pequeno para ser administrado [...]. O investimento anjo em uma empresa é normalmente feito por um grupo de 2 a 5 investidores, tanto para diluição de riscos como para o compartilhamento da dedicação, sendo definido 1 ou 2 como investidores-líderes para cada negócio, para agilizar o processo de investimento. O investimento total por empresa é em média entre R$ 200 mil e R$ 500 mil, podendo chegar até R$ 1 milhão.[30]

No Brasil, é claro que você já sabe, encontrar um investidor anjo não é tão simples por conta da falta de incentivo a esse tipo de investimento. O mais comum é fazer um "sindicato de anjos", quer dizer, unir algumas pessoas que queiram investir no seu negócio para que cada uma delas possa contribuir com uma quantia menor. Para encontrar os anjos, vale conversar com sua rede de contatos, como ex-chefes, familiares e amigos.

Hoje, também, existe algo que deve facilitar esse tipo de investimento no país. No fim de 2016, foi sancionada a Lei Complementar nº 155, apelidada de Crescer Sem Medo, que, entre outras simplificações para os empreendedores, formalizou a ação dos investidores anjo e os protegeu como pessoas físicas.

---

30 O QUE é um investidor anjo. Disponível em: www.anjosdobrasil.net/o-que-eacute-um-investidor-anjo.html. Acesso em: 22 set. 2020.

Agora, esses investidores não podem mais ser considerados, automaticamente, sócios da empresa em que investem (como poderiam ser no passado); não podem ser os responsáveis pelas dívidas que as empresas nas quais investem possam adquirir; e não podem sofrer ações judiciais caso a empresa venha a falir, dando-lhes mais segurança.

Antes, havia um grande risco de o investidor anjo ter de assumir a dívida de uma companhia na qual investiu e colocar seu dinheiro pessoal para não correr o risco de sujar o nome, ter seus bens confiscados ou até ser preso.

Há ainda outros pontos importantes nessa nova legislação: o período de investimento é restrito a sete anos, o de remuneração a cinco anos e o de resgate a dois anos. Além disso, os ganhos do investido devem ser menores que 50% dos lucros da companhia – essas restrições devem estar no contrato entre investidor e startup.

Com a lei, a expectativa é de que o número de investidores anjo aumente no país, embora eu acredite que esse movimento de crescimento será lento. Para encontrar esses caras, além de conversar com outros founders que já conseguiram esse tipo de investimento, vale a pena buscar o perfil descrito acima no LinkedIn e fazer um *cold call*, mandar um e-mail com o *pitch* do seu negócio para cada um deles.

Aceleradoras

As aceleradoras existem para ajudar as startups a se desenvolver. Normalmente, essas empresas elaboram processos seletivos, abertos a quem quiser se inscrever, para escolher as startups que vão acelerar – que devem ter um projeto já meio consolidado em mãos e uma equipe excelente.

COMO LEVANTAR CAPITAL

As startups selecionadas permanecem um período em treinamento com a aceleradora, recebem consultoria, convites para eventos específicos e, é claro, aporte financeiro. No geral, o investimento gira em torno de 100 mil reais com uma contrapartida acionária, e o período de aceleração dura de três a oito meses. Há aceleradoras interessantes no Brasil, como a ACE (antiga Aceleratech) e o FARM, que me ajudou no início da Easy Taxi.

Equity crowdfunding

O *crowdfunding* é uma técnica para levantar dinheiro para projetos, produtos ou serviços, que você já deve conhecer muito bem. Alguém lança a ideia em um dos sites de *crowdfunding*, coloca o valor que precisa alcançar e estabelece um prazo para arrecadar aquele montante. Indo além da vantagem financeira, essa estratégia é interessante para validar uma ideia. Afinal, se alguém atingiu o objetivo de arrecadação é porque existem consumidores potenciais interessados naquela ideia. Para os fundadores de startups, há uma modalidade específica desse tipo de investimento: o *equity crowdfunding*, em que o investidor recebe ações da nova empresa. Existem várias plataformas desse tipo de investimento e cada uma tem regras específicas sobre partilha de ações. Por isso, pesquise muito para saber qual dessas plataformas agrega mais para o seu negócio.

Seed capital

Numa tradução livre, é o "capital semente" de uma startup. Um aporte financeiro desse tipo costuma ser maior que os dos investidores anjo, mas menor que os de *venture capital*, e varia entre 500 mil e 2 milhões de reais. Nesses casos, é comum que os investidores atuem em conjunto, em fundos que agreguem vários investidores para apostar em várias startups. Esse movimento acontece porque, assim, há menos risco de um investidor perder muito dinheiro em um projeto e mais chances de encontrar uma startup promissora. Aqui, de novo, não tem muita vez quem ainda não rodou o MVP e não tem uma pequena clientela usando o produto ou serviço.

CONVERTIBLE NOTES

Se sua empresa está em estágio inicial, o melhor formato para estruturar a sua primeira rodada de investimentos é a convertible note, que protege tanto o investidor quanto o empreendedor. Com esse instrumento, o investidor tem o direito, determinado por um tempo pré-acordado, de converter essa dívida em ações. Ou seja, se algum passivo trabalhista aparecer e, por consequência, a empresa falir, o investidor não será afetado, visto que não consta como sócio da companhia.

A convertible note nada mais é que um nome bonitinho para debênture conversível, o que quer dizer que, no momento em que a sua empresa se tornar uma Sociedade Anônima (S.A.), o investidor executará a sua debênture e entrará, de fato, na sociedade. Para você, empreendedor, esse mecanismo é muito vantajoso também, pois geralmente é preciso esperar fechar a rodada de investimentos para receber o aporte. Com a convertible note, assim que assinar com o investidor, você estará apto a receber o aporte e, assim, vai se desafogar e não terá de abrir mão de crescimento enquanto fecha o seu round.

COMO LEVANTAR CAPITAL

Venture capital

Os investimentos de venture capital (VC) são feitos para startups mais consolidadas, que geralmente já atingiram um porte médio e têm uma boa base de clientes e de resultados financeiros. Um VC entra no negócio, em geral no Series A para a frente, portanto você já sabe seu CAC, tempo de recuperação de COHORT (tempo necessário para recuperar o investimento feito para adquirir determinado grupo de usuários), LTV (o valor do tempo de vida do cliente), MRR (receita recorrente mensal), entre outros dados necessários para conseguir um aporte. Precisamos do aporte para acelerar o crescimento da companhia, mas, se você não consegue as alavancas de crescimento da sua empresa, então não está na hora de falar com um VC. Para detalhar como o venture capital funciona, vale a pena dar uma olhada na definição do CODEMEC:

> O investimento em venture capital pode ser realizado tanto por companhias de participações, gestores, por meio de fundos de investimentos estruturados para esta finalidade ou, ainda, por investidores individuais que disponham de capital para investir nesta atividade. Os investidores, geralmente, reúnem-se em fundos (empresas com figura jurídica própria) e são chamados de cotistas. Eles compram cotas quando o fundo começa a funcionar. Essas cotas serão resgatadas quando o investimento feito em determinado negócio for retirado.
>
> Em geral, esses investidores:

- Formam uma parceria operacional estreita com os sócios e podem trazer gerentes profissionais que ocuparão cargos estratégicos dentro da empresa.

- Têm expectativas em termos de propriedade e controle da empresa.
- Possuem metas de retorno esperado sobre o investimento, e estratégias de saída claramente definidas para seu capital.
- Exigem proteções e preferências contratuais significativas.

[...] O investidor ou fundos de investimentos participam do empreendimento por meio de aquisições de ações ou da compra de parte da empresa emergente. Essa participação, geralmente, chega a 40% do capital total, o que permite ao capitalista opinar e participar formalmente, por exemplo, do conselho diretivo da empresa. O *venture capital* fica investido, geralmente, de 2 a 10 anos, e é recuperado após o desenvolvimento da empresa, por meio da recompra da parte societária pelo empreendedor, da venda total ou parcial da empresa, ou ainda pela abertura de capital na bolsa de valores.[31]

Lembra quando eu disse, lá no começo, que existe um tipo de investimento ideal para os vários momentos de uma startup? Pois bem. Se você não tem o MVP rodando, nem pense em ir atrás de venture capital. Para entender qual é a hora certa de cada tipo de investimento, veja a tabela a seguir,[32] compartilhada por Edson Rigonatti, fundador da Astella Investimentos, que "investe capital, cultura e capacitações em empreendedores ousados e determinados a mudar o mundo construindo empresas extraordinárias":

---

31 CODEMEC. O que é venture capital. 22 abr. 2014. Disponível em: https://codemec.org.br/geral/o-que-e-venture-capital/#:~:text=O%20investimento%20em%20venture%20capital,capital%20para%20investir%20nesta%20atividade. Acesso em: 28 set. 2020.

32 RIGONATTI, Edson. Diário de um VC: erros e acertos na nossa jornada. *Medium*, 3 abr. 2017. Disponível em: medium.com/astella-investimentos/di%C3%A1rio-de-um-vc-erros-e-acertos-na-nossa--jornada-c6ff7c45e6e9. Acesso em: 22 set. 2020.

COMO LEVANTAR CAPITAL

Estágios de crescimento de uma startup

ESTÁGIOS DA EMPRESA	OS1	OS2	OS3	OS4	OS5
TIPO	FAMÍLIA	TRIBO	VILA	CIDADE	NAÇÃO
TAMANHO DA EMPRESA	1	10	100	1.000	10.000
TEMPO DE EXISTÊNCIA	12 a 24 meses	18 a 24 meses	18 a 24 meses	24 a 48 meses	48 meses ou mais
INVESTIMENTO	ANJO	SEED (ou semente)	SERIES A	SERIES B E C	SERIES D E E

Essa tabela mostra que, para procurar VCs como KasZeck, Redpoint e Monashees, sua empresa deve estar mais madura. Na Easy Taxi, por exemplo, fomos atrás de um VC após um ano e meio de vida, quando já tínhamos um produto maduro e conhecíamos todas as nossas alavancas de crescimento. Naquele momento, havíamos criado a máquina, só precisávamos do combustível para replicar o modelo. Foi quando conseguimos, por meio de um e-mail, chamar a atenção da Rocket Internet, que saiu do seu padrão de construir as próprias empresas e resolveu fazer um aporte de 10 milhões de reais na Easy Taxi. Naquele momento, eles tomaram uma participação majoritária na empresa, o que eu não recomendo para ninguém. No entanto, eu não tinha muita escolha: era isso ou a falência.

O LADO DOS INVESTIDORES

Nesse mundo de investimentos, é importante entender a cabeça dos investidores brasileiros. Já contei que, por aqui, quem coloca dinheiro em startup ou é maluco ou é muito rico/visionário, pois, no Brasil, dá para aumentar seu capital sem ter de correr riscos – basta se aproveitar da ineficiência do nosso Estado e surfar no paraíso dos juros altos.

Contudo, quem investe nas startups tem uma linha de raciocínio sobre o retorno do investimento. Quem explica isso muito bem é, novamente, Edson Rigonatti, em seu artigo "Diário de um VC: erros e acertos na nossa jornada":[33]

> Particionando o crescimento de uma empresa em estágios, podemos mensurar seus principais desafios e identificar as atividades que mais agregam valor. Assim, o principal desafio do OS1 é produto, do OS2 distribuição, do OS3 entrega, do OS4 talentos e do OS5 governança.
>
> O segundo componente é a constatação da progressiva complexidade organizacional ao longo da curva de crescimento. Não apenas o número de pessoas em uma empresa aumenta uma ordem de magnitude em cada estágio, o tipo de relacionamento entre essas pessoas progride sociologicamente.
>
> O terceiro elemento é a característica temporal de cada estágio, que se mantém razoavelmente constante a cada etapa da jornada, onde uma empresa leva de 18 a 24 meses para "graduar" ao próximo estágio. Esse elemento temporal faz com que as características iniciais de uma startup (time e mercado) sejam determinantes para o sucesso. Quanto maior a experiência da equipe e sua aderência ao desafio sendo perseguido, maior o sucesso.
>
> Mas sobretudo, o mercado escolhido para a jornada é determinante. Quando o mercado é muito favorável (muitos clientes dispostos a usar e pagar), o produto é tão demandado que não importa se o time é bom ou ruim. Quando o mercado é muito des-

---
33 Ibid.

favorável, mesmo que a equipe seja incrível e o produto maravilhoso, a empresa não vai dar certo. A magia acontece quando um grande time encontra um grande mercado [...].

O quarto componente é a probabilidade de sucesso a cada etapa. Dado o perfil de risco de cada estágio, é de se esperar que o número de startups que "graduam" de um estágio para outro seja decrescente e com uma queda íngreme nos estágios iniciais. Como demonstrado no estudo da Mattermark, *The Startup Funding Graduation Rate Is Surprisingly Low*, apenas 10% das startups que iniciam a jornada com investimento anjo chegam ao Seed. Dessas, apenas 25% chegam ao Series A; e, partir daí, apenas 50% passam para cada outra etapa.

Por fim, para minimizar o risco de investimento e maximizar a chance de a startup chegar à próxima etapa, a indústria gravita ao redor de medianas razoavelmente estáveis de valor (pre-money) e de montante de investimento (dosagem), como mostra o estudo 4 Key Insights from Analyzing 5,000+ Cap Tables, publicado pela Capshare.

Avaliação da média e da mediana do pre-money por estágio[34]

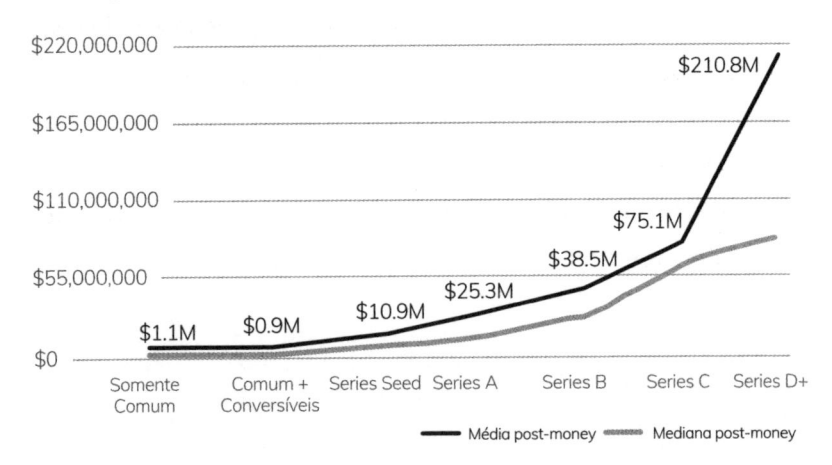

Estágio	Média post-money	Mediana post-money
Somente Comum	$1.1M	
Comum + Conversíveis	$0.9M	
Series Seed	$10.9M	
Series A	$25.3M	
Series B	$38.5M	
Series C	$75.1M	
Series D+	$210.8M	

Essas medianas formam um importante balizador. [...] Como durante a maior parte da jornada não existe um ativo gerador de caixa que seja passível de ser avaliado por um fluxo de caixa descontado, a melhor maneira de analisar o valor de uma startup é o risco inerente em graduar de um estágio para outro. Tipicamente, a valorização do valor de uma startup é de 2x a 3x entre cada etapa.

Com isso, entendemos que o investimento vem da confiança que o investidor tem no crescimento da startup e, principalmente, na confiança de que o time daquela jovem empresa tem possibilidade de crescer em um mercado promissor. Por isso, como já disse e não canso de repetir, é preciso embasar toda a sua argumentação em dados. Os investidores precisam disso para decidir. Afinal, eles não são bobos, não querem perder dinheiro à toa e não estão colocando grana apenas na sua empresa: eles têm um portfólio para gerenciar e os fundos de investimento fazem, em média, de 10 a 15 novos aportes por ano, aqui no Brasil.

Mais uma vez, eu me volto para Rigonatti, que decifra como a cabeça do investidor funciona. Ele diz que

> do ponto de vista da formação de um portfólio, a premissa básica reside na natureza da curva exponencial que caracteriza o retorno de *venture capital*. Ou seja, o que importa é a magnitude

---

34 Tradução livre de Mean and median pre-money valuation by stage. No eixo horizontal, da esquerda para a direita: Common Only; Common + Convertible, Series Seed, Series A, Series B, Series C, Series D+. Na legenda, da esquerda para a direita: Mean post-money; Median post-money.

do ganho e não a frequência das perdas. Um estudo conduzido pela Horsley Bridge concluiu que 60% do retorno de um fundo advém de 6% do número de investimentos realizados, equivalente a 5% do capital total investido pelo fundo. Como é praticamente impossível escolher anteriormente esse único investimento que representará 60% do retorno do fundo, a segunda premissa de portfólio é construir "opcionalidade" ao longo do ciclo de crescimento. Ou seja, investe-se o mais cedo possível (estágios OS2/Seed e OS3/Series A) e renova-se a aposta (follow-ons) quando e se a empresa passar para o próximo estágio. Como exemplo, assim, como descrito neste Teardown da First Round Capital, aproximadamente 65% dos recursos do fundo são investidos nos estágios iniciais (Seed e Series A), ao mesmo tempo que 55% dos recursos são dedicados ao primeiro investimento e os demais 45% em follow-ons [...].

Alguns fundos dedicam-se exclusivamente a tentar escolher os melhores investimentos, enquanto outros acreditam que além de saber escolher é preciso nutri-los (ajudar a criar valor após o investimento). Embora não existam provas estatísticas da efetividade das atividades de criação de valor, o que importa é quão relevante tais atividades são para a formação do branding do fundo, que resulta na capacidade de atrair os melhores empreendedores, os melhores talentos para apoiar esses empreendedores e as melhores oportunidades de follow-ons e/ou venda estratégica.

A conclusão do artigo de Rigonatti, cuja leitura recomendo na íntegra para quem quer se aprofundar ainda mais no tema, é de que o ecossistema de startups brasileiras ainda tem muito a aprender – os investidores ainda têm, por exemplo, dificuldade para avaliar quais são os estágios das empresas e os empreendedores têm dificuldade para escalar o negócio para a próxima etapa. Contudo, entre os acertos, ele destaca dois pontos importantes:

1. A fase de "namoro", ou da criação de relacionamento com os empreendedores, tem sido extremamente produtiva. Acreditamos que esse novo modelo de *due diligence* é muito mais rico e produtivo para ambas as partes. Mesmo quando não investimos, buscamos deixar o maior legado possível para o empreendedor. Esse modelo *freemium* (ou trial) foi algo que surgiu por acaso, justamente por não termos os recursos típicos dos nossos *benchmarks*. Acreditamos que temos que ser ainda mais disciplinados nesta etapa, já que erramos em 2 investimentos por não termos dedicado tempo suficiente para entendermos os empreendedores e seus desafios antes de nos comprometermos. Continuamos investindo em melhorar cada vez mais esse modelo, e acreditamos ser ele que vai nos permitir uma maior assertividade no investimento, nos distanciando cada vez mais do senso comum em VC que dita que para achar um bom investimento é necessário fazer 6 ruins e 2 medianos. Além de aprimorar continuamente nosso check-list (A Lista de Yoda) temos melhorado nosso processo de nutrição e qualificação de *leads*.

2. A fase de criação de valor tem se mostrado cada vez mais assertiva. A base de conhecimento das 5 máquinas (produto, distribuição, entrega, talento e governança) já está bastante madura e tem nos permitido escalar o

atendimento que prestamos aos empreendedores. Nosso Entrepreneur Success assemelha-se a um *helpdesk*: Nível 1 de atendimento é um conteúdo da nossa base de conhecimento, Nível 2 é uma interação entre alguém da nossa equipe e o Nível 3 uma interação com um especialista da nossa rede de relacionamentos. Das 5 máquinas, a máquina de governança é a menos robusta e a que deverá ser aprimorada nesse próximo ciclo.

Compartilhei esses trechos para que você entenda um pouco dos desafios de quem investe em startups no país. O risco é para os dois lados, e conhecer melhor como os investidores raciocinam ajuda na hora de fazer o seu *funding*. Afinal, quando a gente entende o problema do outro, torna-se mais fácil se conectar e descobrir quais são os caminhos que ajudam a levar aos resultados esperados.

COMO FAZER O SEU *VALUATION*

Se você nunca ouviu esse termo, não precisa se assustar. *Valuation* é só um nome em inglês que designa o valor de um ativo, nesse caso, falamos especificamente de uma empresa/startup.

Esse valor em uma startup em *early stage* é extremamente arbitrário porque, nessa fase, a sua empresa vale o que estão dispostos a pagar por ela. É bom lembrar que, quanto mais madura ela estiver, ou seja, quanto mais track record e resultados concretos você tiver, maior será o seu *valuation* em um cenário macroeconômico estável.

Embora seja um valor quase arbitrário, no *early stage* existem algumas dicas que ajudam a tornar mais racional o processo de definição de valor de uma startup. Você deve começar, é claro, procurando dados. Em geral, eu embaso o *valuation* das minhas empresas em companhias similares que atuem no mercado estrangeiro. Para isso, caço informações no site Crunchbase, que é um banco de dados completíssimo com informações de startups do mundo todo.

Ali você consegue encontrar informações sobre, por exemplo, quanto uma companhia específica levantou em cada rodada de investimento e quem foram seus investidores. Principalmente no *early stage*, é primordial embasar sua tese de *valuation* o máximo que puder, e o Crunchbase é um grande aliado para isso.

Procure empresas análogas à sua e procure esses dados, seja via Crunchbase, seja por meio de entrevistas com os fundadores – mas tome cuidado, porque, nas entrevistas, muitos não costumam ser tão sinceros em relação aos números, pois usam a famosa máxima "*fake it until you make it*" (ou "finja até que você consiga"). Por isso, costumo fazer uma checagem dos números confrontando diferentes entrevistas dos fundadores/executivos e fazendo a famosa "conta de padeiro" para entender a realidade do cenário.

Além do valor do investimento, é importante calcular, mais ou menos, o ticket médio da empresa e multiplicá-lo pelo número de serviços (ou clientes) prestados. Assim, você encontra o valor aproximado de faturamento anual e sabe quanto a empresa deveria valer por meio de uma conta de chegada considerando quanto de equity os fundadores teriam aberto mão naquela fase e, consequentemente, qual foi o múltiplo de faturamento/receita aplicado na construção daquele *valuation*.

Com isso em mãos, é hora de pensar na sua empresa. Para isso, vá até a sua planilha e calcule o seu *run rate* (sua taxa de chegada): pegue a média de crescimento da companhia nos últimos três meses, aplique seu último mês de faturamento e multiplique por 12 meses. Esse é o seu *run rate* anual. Tenha em mente que cada 1 real investido deveria retornar 3 reais em valor para a companhia. Essa regra será um grande balizador para suas decisões de investimento e, consequentemente, o ajudará a criar uma cultura de gestão financeira campeã, que outras pessoas que admiro e eu aplicamos em nossos negócios. Para exemplificar, uma startup em Series A, por exemplo, deveria ceder de 15% a 20% para os investidores dessa rodada.

Eu já disse uma vez, mas vou dizer de novo: não subestime o valor dos dados. Uma pesquisa prévia é essencial para fazer uma boa defesa do seu *valuation*. Os investidores se sentem mais seguros quando o empreendedor está seguro do seu mercado e do seu valor.

Mesmo que a comparação seja com uma empresa norte-americana, é importante ter um embasamento racional para que a discussão se paute em dados, e não em achismo. Não há problema se a comparação for com o mercado estrangeiro. Uma vez que você tenha embasado o seu *valua-*

tion, entrará em pauta a alocação de recursos, quer dizer, você terá de definir exatamente onde aplicará o montante pedido: quanto irá para operações, marketing, recursos humanos etc. É preciso ter um corte claro para cada linha do orçamento e apresentar isso graficamente em seu Power-Point para os investidores. A seguir, compartilho o gráfico de alocação de recursos da Singu no exercício de 2016:

Uso de recursos

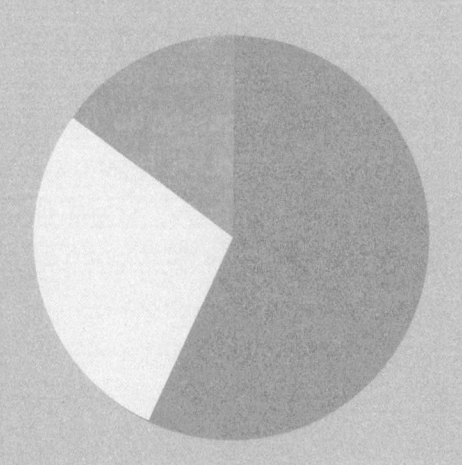

- HR = recursos humanos
- G&A = despesas gerais e administrativas
- MKT = marketing

Tenha clareza sobre essa divisão e não erre as contas na frente dos investidores, pois não existe nada que pegue

COMO LEVANTAR CAPITAL

tão mal quanto erro de cálculo e/ou inconsistência nos dados em uma apresentação de *fundraise*. É normal ter de lidar com o nervosismo, então ensaie muito e, se mesmo assim não se sentir totalmente confortável para falar sobre finanças, certifique-se de que alguém do seu time possa ajudá-lo com esse assunto. Os investidores vão apertar você e seu time; por isso, não esteja despreparado.

Aliás, falando sobre argumentos, quero dar outras dicas. Durante a conversa com o investidor, além de vender a sua companhia, venda-se também. No *early stage*, principalmente, os investidores investem no empreendedor, e não no negócio: eles precisam sair da reunião com a certeza de que você é a melhor pessoa do mercado para executar aquele modelo de negócios. E para acreditar nisso, precisam se certificar de que quem está à frente da operação é muito bom, sabe do que está falando e está disposto a fazer de tudo para o negócio acontecer. Isso vale para o time também, mas, principalmente, para os fundadores.

Agora que já tenho o histórico da Easy Taxi, é mais fácil convencer os investidores. Eu conto minha história, explico o que já entreguei na minha vida de empreendedor, falo sobre o caminho que percorri e mostro quanto dinheiro já devolvi para meus investidores no passado.

No entanto, é claro que, no começo, não é assim. Mas não é porque você tem menos *track record*, que não tem dados para dividir. Busque na sua história o que o conecta com aquele negócio que está criando – sempre tem algum aspecto pessoal nos desenvolvimentos dos negócios. Por exemplo, talvez você esteja solucionando um problema para a área na qual trabalhava – isso mostra que você conhece o mercado de perto. Ou talvez você tenha estudado aquele assunto na faculdade e tenha referências acadêmicas do problema.

Você pode até ir além dessas experiências profissionais. Muitos investidores gostam de saber, por exemplo, que o founder é esportista, pois acreditam que atletas são disciplinados e focados em atingir os objetivos aos quais se propõem – características muito valorizadas no empreendedorismo. Busque argumentos na sua história, na história do seu sócio e na de seu time. No entanto, nunca minta ou aumente demais as coisas. Os investidores não são nada bobos e farão raios X de tudo o que você falar. Afinal, o investimento é de alto risco e eles não querem cair no conto de um aventureiro.

Para terminar este capítulo, preciso dar outro choque de realidade: o investimento não é um bom dinheiro. Ele é necessário e ajuda a acelerar suficientemente o crescimento, mas o melhor dinheiro para uma startup é o dos clientes. São eles que vão manter a empresa no longo prazo, e não os investidores. Por isso, se você está pensando em fundar uma startup para conseguir a grana do investimento, pense novamente. Esse não é o raciocínio que o levará longe. O investidor tem faro para isso e raramente aceitará dar grana para alguém que pense desse jeito. Sua startup tem de resolver um problema real de pessoas reais – é daí que virá o sucesso a longo prazo.

ERROS QUE OS EMPREENDEDORES COMETEM AO TENTAR LEVANTAR INVESTIMENTOS

Não ter um MVP rodando. Embora alguns investidores digam que se dispõem a investir em ideias, a maioria não colocará dinheiro em algo que ainda não foi testado. Por isso, é importante ter alguma grana pessoal e/ou levantar essa quantia com a família e os amigos para segurar o começo da sua companhia.

Acreditar que o objetivo do empreendedorismo é conquistar investimento. O dinheiro do investidor é necessário, mas não deve ser a sua meta. O sucesso só vem quando o seu negócio resolve um problema específico de maneira tão excelente que seus clientes estão dispostos a pagar por sua solução.

Fazer pouca pesquisa. Dados são essenciais em todas as etapas da sua vida empreendedora. Quem aparece sem um embasamento racional durante uma rodada de investimentos não conseguirá tirar do investidor nem um centavo. Você terá de responder a muitas perguntas. Então, pesquise muito. Esteja munido de informações objetivas para convencer os investidores.

Desistir ao receber o primeiro "não". Você terá de bater em muitas portas até encontrar alguém que queira investir no seu projeto. Eu perdi as contas de quantos e-mails mandei até encontrar os investidores da Easy Taxi. Se seu MVP está respondendo bem e você tem uma boa equipe, não desista.

Comprar crescimento. Muitos founders costumam aumentar consideravelmente o investimento em marketing antes de falar com investidores, para mostrar uma tração acima da que o negócio estava apresentando regularmente. Não adianta fazer isso, pois os investidores não são bobos: se o seu investimento em marketing for feito de maneira imprecisa, elevará seu CAC e piorará muito o seu tempo de recuperação de COHORT; falaremos com mais detalhes sobre isso no capítulo sobre *growth hack*.

WEBINARS

Qual é o modelo de que os investidores mais gostam?

O que é melhor para eles, financeiramente. Ou seja, investidores buscam times extraordinários com modelos de negócio que tenham potencial de escala exponencial.

Quanto tempo de namoro entre o primeiro contato com o investidor e um contrato assinado?

Guarde capital para uns seis meses entre a primeira conversa e o dinheiro na sua conta.

Como funcionam as rodadas de investimento?

A cada rodada, você faz um aumento de capital para valorizar as cotas de participação da companhia. Para isso, revise o valuation e traga novos dados que expliquem por que você chegou àquele novo número.

COMO LEVANTAR CAPITAL

EM QUAIS SETORES OS INVESTIDORES MAIS COLOCAM DINHEIRO

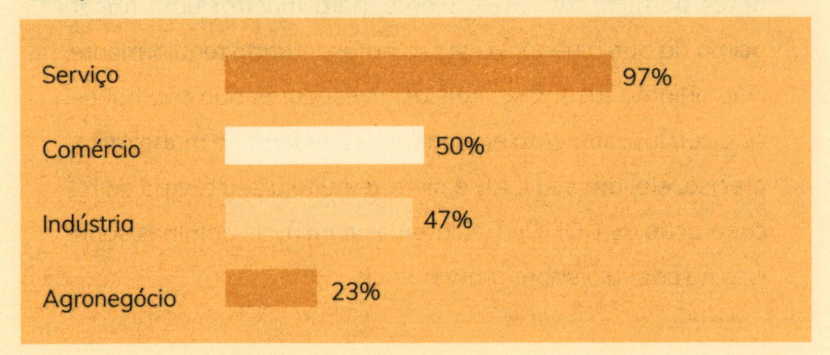

Setor	%
Serviço	97%
Comércio	50%
Indústria	47%
Agronegócio	23%

Fonte: SEBRAE. Pesquisa Lado/A, Lado/B, Startups, 2015. Disponível em: https://www.sebrae.com.br/Sebrae/Portal%20Sebrae/UFs/SP/Pesquisas/lado_A_B_startups.pdf. Acesso em: 22 set. 2020.

EM QUAIS SEGMENTOS OS INVESTIDORES APOSTAM

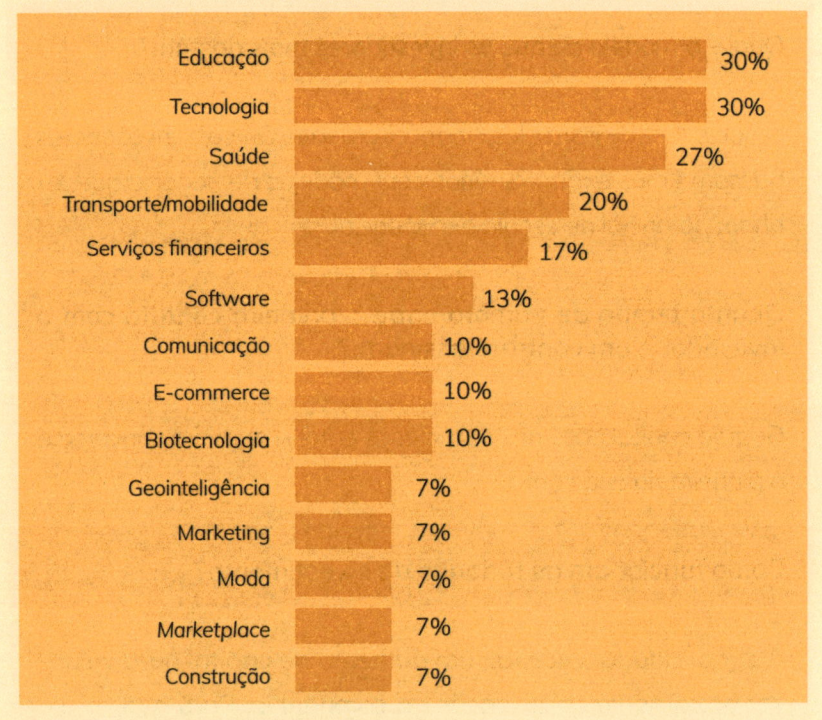

Segmento	%
Educação	30%
Tecnologia	30%
Saúde	27%
Transporte/mobilidade	20%
Serviços financeiros	17%
Software	13%
Comunicação	10%
E-commerce	10%
Biotecnologia	10%
Geointeligência	7%
Marketing	7%
Moda	7%
Marketplace	7%
Construção	7%

Fonte: SEBRAE. Pesquisa Lado/A, Lado/B, Startups, 2015. Disponível em: https://www.sebrae.com.br/Sebrae/Portal%20Sebrae/UFs/SP/Pesquisas/lado_A_B_startups.pdf. Acesso em: 22 set. 2020.

CAPÍTULO 8

COMO ESCALAR O MEU NEGÓCIO

O intuito deste livro é mostrar, com detalhes, as etapas que um empreendedor precisa percorrer para aumentar consideravelmente as chances de tornar sua startup bem-sucedida. Nas páginas anteriores, você aprendeu os passos para ter uma boa ideia, validá-la e levantar capital. Agora, é hora de escalar o negócio.

Para quem não está muito familiarizado com os termos do mundo das startups, escalar nada mais é que fazer a empresa crescer rapidamente em volume e demanda sem ter de aumentar proporcionalmente seus custos. Embora a definição até pareça simples, chegar a essa etapa não é tão fácil assim e muita gente acaba falindo antes de obter êxito.

Dados do Statistic Brain mostram que 25% das startups que-

COMO ESCALAR O MEU NEGÓCIO

bram no primeiro ano; 36%, no segundo; e 44% no terceiro.³⁵ O mesmo levantamento revela que as principais causas para isso são:

	Motivo principal	Porcentagem	Gatilhos
1	Incompetência	46%	Desgaste emocional
			Manter o custo de vida do negócio muito alto
			Não pagamento de impostos
			Não saber precificar
			Falta de planejamento
			Desconhecimento de finanças
			Não ter experiência em registrar o que acontece na empresa
2	Falta de experiência em administração de negócios	30%	Não ter prática para conseguir crédito
			Expandir rápido demais
			Conseguir empréstimos de maneira errada
3	Falta de experiência com produtos ou serviços	11%	Fazer inventários de forma inadequada
			Não conhecer fornecedores
			Gastar demais com propaganda
5	Negligência ou fraude	1%	

A esta altura, você já deve ter entendido que eu compartilho esses dados não para desanimá-lo, mas simplesmente para lhe mostrar que o empreendedorismo é um caminho árduo e que, no momento de fazer a escalada – quando, teoricamente, a companhia está indo bem e numa curva de crescimento interessante –, é preciso ter cuidado para "não colocar o carro na frente dos bois", como diria meu avô. Um erro que eu cometi e que vou contar para você daqui a pouco.

No entanto, antes de eu explicar como foi a expansão da Easy Taxi, você precisa entender a quais pontos deve prestar atenção a fim de saber se sua empresa está, ou não, pronta para o crescimento. Para isso, compartilho aqui uma definição do pessoal da Startup Secrets, uma empresa sem fins lucrativos com o objetivo de auxiliar no desenvolvimento de startups. Eles pontuam alguns aspectos que ajudam a entender se o negócio está pronto para ser escalado:[36]

1. Você pode empacotar seu produto e vendê-lo rapidamente sem grandes modificações;
2. Seu custo de aquisição de clientes está diminuindo;
3. O tempo e o custo para os clientes adotarem seu produto estão diminuindo;
4. Os custos de manutenção estão diminuindo;
5. Suas habilidades de inovar e de encontrar necessidades de mercado são validadas por seus clientes e parceiros que estão, eles mesmos, investindo no seu ecossistema;

---

35 STARTUP Business Failure Rate By Industry. Statistic Brain. Disponível em: www.statisticbrain.com/startup-failure-by-industry/. Acesso em: 22 set. 2020.
36 SCALING your Startup. Startup Secrets. Disponível em: http://www.startupsecrets.com/scaling-your-startup. Acesso em: 17 maio 2017.

6. Você é capaz de desenvolver capacidades de negócio disruptivas no seu mercado;
7. Seu modelo de negócios está demonstrando ter uma alavancagem real e, pelo menos, um caminho potencial para ter rentabilidade – o que atrai financiamento para continuar crescendo;
8. O tempo gasto para atrair e treinar pessoas para trabalhar nas principais áreas da sua companhia está diminuindo;
9. Os líderes da sua empresa estão conseguindo desenvolver e promover as pessoas em uma cultura coesa que visa à solução de problemas e que é respeitada dentro e fora da companhia;
10. O mercado em que você atua e o problema que está resolvendo continuam crescendo rápido o bastante para que você consiga satisfazer as expectativas dos *stakeholders* durante os próximos anos.

Esses pontos indicam que uma companhia está pronta para ampliar sua operação. No caso da Easy Taxi, confesso que eu era muito "faca nos dentes" e encontrei um time tão disposto quanto eu, por isso, crescemos rápido demais. Para você ter uma ideia, no segundo ano de vida, começamos operações em mais de dezoito países, o que obviamente gerou altos custos para a companhia e sobrecarregou o time de operações e produto.

Na Singu, como eu estava mais experiente, as coisas foram diferentes. Hoje, trabalhamos apenas duas cidades – Rio de Janeiro e São Paulo, no momento em que escrevo este capítulo –, mas crescemos cinco vezes mais do que na Easy Taxi em seu primeiro ano. E só vamos para outras cidades estratégicas quando

COMO NO *WAR*, É IMPORTANTE CONQUISTAR E CONSOLIDAR AQUELE TERRITÓRIO, CONSTRUINDO UMA DEFESA EFICAZ, CASO SEU INIMIGO DECIDA ATACAR A ÁREA.

dominarmos completamente essas duas regiões. Ter esse tempo de maturação é importante para que a sua equipe assimile bem o que deve ser feito e para que seu produto se consolide.

O JOGO DOS NEGÓCIOS

Imprimir velocidade no crescimento de sua companhia é importante para que seus concorrentes não tomem mercados antes de você. No entanto, o jogo dos negócios é como o jogo *War*: não significa que conquistar um território antes do inimigo lhe dará o direito de dominar aquela região para sempre. Como no War, é importante conquistar e consolidar aquele território, construindo uma defesa eficaz, caso seu inimigo decida atacar a área.

Na Easy Taxi, crescemos rápido demais, e por isso não tivemos foco em nenhum mercado específico. Nosso objetivo era marcar território em mercados de todo o mundo. Essa era uma exigência do *board* que meu co-CEO, Dennis Wang, e eu seguíamos ao pé da letra. No entanto, esse crescimento em ritmo impressionante nos deixava vulneráveis, tendo em vista que os times de operação e produto estavam sobrecarregados expandindo constantemente.

Esse crescimento acelerado da Easy Taxi me trouxe uma lição importante: é preciso unir a velocidade do crescimento à consolidação de nossa presença em um mercado. Isso quer dizer que, antes de ir para outra região, precisamos estar fortes no local anterior. Esse foi um dos insights que tirei da escalada da minha primeira companhia global que, sob minha gestão, liderou no mundo inteiro o mercado de aplicativos de táxi, expandindo-se para 35 países, quatro continentes e mais de 420 cidades – o que significava mais de meio milhão de motoristas e mais de 20 milhões de clientes usando o app mensalmente.

FOI O OVO OU A GALINHA?

Quem me ajudou a conduzir o webinar em que falei sobre escalabilidade foi o Gustavo Vaz, ex-COO global (ou diretor de operações) da Easy Taxi, que começou a trabalhar com a gente em 2012, como diretor de marketing e cresceu lá dentro. Então, muito do que está escrito neste capítulo deve ser creditado a ele.

Dito isso, quero contar como foi o crescimento da Easy Taxi. Nós tínhamos feito o beta, validado o produto, consolidado o mercado do Rio de Janeiro e conseguido financiamento da Rocket e nos sentíamos prontos, em 2011, para escalar o negócio. Nosso modelo de negócio é chamado de O2O (on-line para off-line), ou um *marketplace* de serviços, então, a dúvida sempre foi: quem devo buscar primeiro para lançar o negócio: o taxista ou o passageiro? Era uma questão quase de "quem nasceu primeiro, o ovo ou a galinha?", ou seja, sem solução clara, pois operávamos com duas hipóteses. Ou teríamos excesso de taxistas e escassez de passageiros – o que faria com que os motoristas perdessem o engajamento e praticassem o abandono (ou *churn*, no termo técnico) da plataforma –, ou teríamos excesso de passageiros e escassez de taxistas – o que faria com que os clientes nos deixassem.

Com isso na cabeça, tivemos de criar um método e arriscar. A melhor alternativa foi manter o foco no taxista. Manter os esforços para conseguir, primeiro, mais prestadores do que clientes foi importante porque, se você não estiver pronto para atender a um cliente, vai se queimar com toda a rede de relacionamentos daquele cliente – o que é muito perigoso no período de lançamento do negócio, quando você depende muito do boca a boca espontâneo para crescer.

Assim, seria melhor ter, primeiro, vários taxistas atendendo a uma área da cidade para suprir a demanda que pudesse surgir e criar uma boa taxa de *fulfillment* (porcentagem de clientes atendidos versus tamanho da demanda) – um dos KPIs (*Key Performance Indicators*, termo usado para definir os indicadores de performance de um negócio) mais importantes para quem trabalha com *marketplace*. Por mais que a falta de demanda suficiente para entregar serviços à base de taxistas fosse um problema e nos trouxesse um risco de *churn*, resolvíamos boa parte dessa questão com eventos semanais para motivar os taxistas a nos ajudar no crescimento e não nos abandonar.

No entanto, não acredite que os nossos problemas paravam por aí. Tão difícil quanto conquistar taxistas interessados era mantê-los logados no aplicativo. Lembre-se de que estamos falando de 2011, ano em que aproximadamente 15% da população brasileira acessava diariamente a internet usando smartphones. Convencer esses taxistas a comprar um smartphone foi um sufoco (vou contar os detalhes no próximo capítulo). E, mais que isso, fazer com que eles usassem o aparelho era extremamente difícil.

Na época, ninguém tinha carregadores veiculares, tampouco interesse em manter o app ligado, pois a demanda era baixa. Então, juntei as economias dos sócios e o dinheiro que consegui com a venda do meu carro para comprar vinte smartphones de uma marca chinesa para os primeiros vinte taxistas cadastrados – tudo para ter uma base mínima de motoristas usando o app e poder promover a plataforma. Foi uma medida desesperada para conseguirmos resolver o problema do ovo e da galinha, mas foi um erro. Como não haviam feito um investimento pessoal para obter os aparelhos, os taxistas não deram valor à plataforma da maneira como queríamos. Nosso maior desafio, na época, foi convencê-los a deixar os aplicativos ligados.

Esse processo de aquisição de taxistas foi se aperfeiçoando ao longo do tempo porque, no começo, não sabíamos exatamente quais seriam as melhores estratégias para que os motoristas e os usuários conhecesse e usassem a Easy Taxi. O melhor caminho que encontramos foi o seguinte: escolher um grupo pequeno de motoristas que concordasse em usar bastante a ferramenta (cerca de dez horas por dia) para entender, a fundo, como a plataforma funcionava e para nos dar feedbacks diários – telefonávamos todos os dias para esses motoristas para entender quais eram as dificuldades e o que estava funcionando bem.

Esses taxistas estavam muito comprometidos a entender, também, a experiência dos passageiros. Então, tinham muita coisa para dividir conosco. Do nosso lado, para atrair esse grupo inicial, explicávamos o crescimento exponencial em potencial do número de clientes que o taxista atenderia e pagávamos um valor por corrida para que se interessasse financeiramente em usar o app. Além disso, conseguimos fechar parcerias com operadoras de celular a fim de oferecer aparelhos e plano de dados em condições especiais para os nossos taxistas.

Quando terminávamos os testes com esse primeiro grupo, começávamos a expandir de forma mais agressiva, pois nos sentíamos prontos para investir em *growth* (canais de crescimento em marketing digital). Tínhamos os táxis a nosso favor e podíamos colocar propaganda no interior dos carros, o que ajudava. Nesses casos, vale usar tudo que dê visibilidade para a marca: redes sociais, anúncios no Google, boca a boca da família e dos amigos e, é claro, a imprensa. Contudo, é preciso cautela.

Talvez não saiba, mas, quando você é uma empresa desconhecida, tem apenas um tiro com a imprensa – e esse tiro deve ser certeiro. Se conseguir que um jornalista publique uma reportagem sobre a sua empresa, certifique-se de que a empresa está pronta para atender mais clientes assim que a matéria entrar no ar. Se não estiver, você se queima com os clientes (que terão uma má experiência com o seu produto) e com os jornalistas (que vão achar que a sua companhia não tem credibilidade o bastante e, simplesmente, não falarão mais sobre sua empresa). Por isso, por mais tentador que pareça, só fale com a imprensa quando tiver certeza de que dá para suprir a demanda que surgirá quando a reportagem for publicada.

ESTRUTURAÇÃO DE PROCESSOS

Ter alguns processos estruturados é importante para o crescimento da empresa. No entanto, tome cuidado para que a estruturação não burocratize sua companhia e, consequentemente, a torne pouco ágil. Grandes empresas tendem a ter dificuldades de se reinventar exatamente pelo excesso de processos que engessam a operação, tornando-a burocrática e, portanto, criando um sistema imunológico que expele qualquer tipo de inovação.

Antes de estruturar, procure entender quais são os processos necessários para o crescimento da sua companhia e quais seriam os efeitos esperados em cada um dos processos implantados. Com base nesse mapeamento, você tomará as decisões do que deve ser implantado e do que deve ficar de fora. Você verá que muitos dos processos básicos, que aprendemos nas escolas de negócios como fundamentais para rodar uma empresa, são, em determinados momentos, extremamente desnecessários e, muitas vezes, até prejudiciais. Processo bom

SER FUNDADOR DE STARTUP É IGUAL A **SER DONO DE PADARIA:** DE MADRUGADA FAZEMOS O PRODUTO, DURANTE O DIA VENDEMOS E À NOITE CONTABILIZAMOS.

é aquele que, quando é eliminado, gera reclamações; o mesmo vale para relatórios. Por isso, cuidado com o excesso de zelo e com a tentação das reuniões para estruturar processos e KPIs. Um empreendedor não deveria ter tempo para reunião, ele deve estar com a mão na massa executando como um gorila, massacrando os tickets que lhe são atribuídos, e não borboletear em todas as áreas sem meter a mão na massa.

Por isso, sugiro que você mantenha a eficiência. Para mim, o ideal é definir os KPIs básicos do seu negócio e os processos necessários para começar a escalar a companhia em apenas uma tarde de reunião com seus diretores, no máximo. Não se preocupe, você sentirá necessidade de adicionar outros processos e KPIs à sua planilha, mas, quando isso acontecer, saberá que está adicionando por necessidade, e não por excesso de zelo e, portanto, desperdício de tempo.

Ser fundador de startup é igual a ser dono de padaria: de madrugada fazemos o produto, durante o dia vendemos e à noite contabilizamos. Com essa rotina, não conseguimos ter cinco horas de reunião por dia. Esse cenário é para quem não quer trabalhar e o usa como desculpa para si ou para o gestor com que está trabalhando. Quem precisa trabalhar define os processos que fazem sentido naquele momento. Para dar um exemplo, estes eram os KPIs com os quais começamos o negócio da Singu:

Artistas
- Leads (quantidade de pré-cadastros na plataforma);
- Cadastrados (profissionais que passaram pelo processo de teste/checagem/treinamento);

- Satisfação (medimos o nível de satisfação dos clientes com aquele profissional, que pode ser pontuado com uma a cinco estrelas);
- Recorrência (medimos o índice de recorrência que aquele artista gera, com base no número de vezes que o cliente volta a usar a Singu).

Clientes
- CAC (custo de aquisição dos clientes por canal e consolidado);
- Recuperação de COHORT (tabela que mostra o tempo de recuperação do investimento feito em um grupo de pessoas);
- NPS (de 0 a 10, quanto o cliente estaria disposto a nos indicar para outras pessoas).

Geral
- Número de pedidos por mês, semana e dia;
- *Fulfillment* por mês, semana e dia;
- GMV (*gross merchandise value*, ou a quantia que girou na plataforma) medido por meses, semanas e dias;
- Receita da Singu: receita líquida considerando o nosso take rate (quanto fica de dinheiro para a plataforma) e excluindo o custo com a plataforma de pagamento (subadquirente).

Quando sentimos necessidade de outra métrica, adicionamos. Contudo, é preciso fazer isso rapidamente. Discutir por horas sobre um processo numa reunião é uma ótima forma de se enganar e enganar o seu gestor, mas não é isso que você, que chegou até aqui neste livro, quer fazer.

Na Easy Taxi, um dos processos mais importantes – embora simples – foi a estruturação do nosso modelo de gestão para as novas cidades. Por isso, criamos uma trilha de cargos. Tínhamos o gerente das cidades, que respondia para o gerente regional local, que respondia para o *country manager*, que respondia para o gerente regional global, que respondia para o diretor de operações – no caso, o Gustavo Vaz, que só chegou até esse cargo depois de ter passado por todas as outras funções, o que é muito importante, afinal, ele já tinha a cultura da empresa no sangue. Criamos essa estrutura porque a expansão era rápida e global. Então, precisávamos ter pontos de contato em todas as novas cidades em que a Easy Taxi operasse.

Quando abríamos uma nova cidade, viajávamos até o local com certa antecedência para entender a realidade dessa cidade, construir o planejamento e montar o time certo. Às vezes, não é possível promover alguém de dentro para assumir uma posição de *country manager*, assim, era função do Gustavo Vaz encontrar o profissional certo para cuidar da operação em uma nova região.

A vantagem de contratar alguém local é que essa pessoa já entende a cultura, os códigos que regem o dia a dia daquela sociedade e, portanto, sabe liderar melhor naquele contexto. A desvantagem é não ter a cultura da companhia correndo 100% em suas veias, mas isso é algo que inserimos após o processo de recrutamento, no treinamento e *onboard*.

É possível encontrar pessoas que estejam alinhadas com os valores da sua companhia – como comentei no Capítulo 5 –, desde que você faça um processo seletivo estruturado. Antes de lançarmos a operação na Bolívia, por exemplo, começamos a procurar um *country manager* dois meses antes (via LinkedIn e *network*) e conduzimos um processo seletivo bem criterioso que durava, em média, duas semanas. Escolha feita, ficávamos, em média, três semanas ao lado do profissional para treiná-lo e torná-lo apto para tocar a operação no dia a dia.

Lançar o produto em uma nova cidade – seja no Brasil, seja no exterior – demanda um time muito bom, um produto necessário nessa outra região e organização prévia. É importante entender que o lançamento não acontece no dia em que o seu produto vai ao ar, mas meses antes. É preciso rodar em um grupo pequeno até estar pronto para ampliar o investimento em marketing e lançar oficialmente o negócio.

A dificuldade para começar uma operação da Easy Taxi em Salvador ou em Bogotá, na Colômbia, é semelhante. Na verdade, é até mais fácil começar um negócio em outro país do que em outro estado do Brasil. Muitas vezes, a única diferença são algumas horas a mais de voo. Como moramos em um país continental com mais de 200 milhões de habitantes, tendemos a pensar apenas localmente. No entanto, existe uma oportunidade gigante para expandir nossas fronteiras e sonhar grande; as startups brasileiras precisam cortar esse cordão umbilical com o Brasil e começar a pensar globalmente.

Veja o exemplo de Israel, um país em que as startups já nascem com pensamento global porque sabem que o mercado local, de 8 milhões de habitantes, é minúsculo – para ter uma ideia, a cidade de São Paulo tem 12 milhões de habitantes. Temos muito o que aprender com o ecossistema de startups israelense, que considero um dos mais impressionantes do mundo. No entanto, é importante ter equilíbrio entre o global e o local. O Brasil detém, praticamente, 50% do PIB da América Latina, portanto, quem quer ganhar a LATAM deve, necessariamente, ganhar o Brasil. E, como somos brasileiros, temos vantagens nesse processo.

COMO ESCALAR O MEU NEGÓCIO

PASSO A PASSO PARA A EXPANSÃO

(I) Achar um escritório societário local e checar as principais leis e regulamentações que impactarão o seu negócio;

(II) Fazer uma análise de viabilidade de mercado. Para isso use o statista.com e estude o tamanho do mercado endereçável, principais competidores (se houver), seus modelos de negócio, fatores macroambientais que impactam o seu negócio e preço;

(III) Montar a estruturação legal para você começar a operar com o seu escritório localmente;

(IV) Contratar um country manager;

(V) Montar o escritório – uma boa maneira de começar é usar um espaço de coworking local;

(VI) Fazer o kickoff (ou lançamento) da operação com o country manager.

WEBINARS

Guarde capital para uns seis meses entre a primeira conversa e o dinheiro na sua conta.

Depende do LTV (tempo de vida do usuário) e de quanto tempo você levará para recuperar o investimento. É preciso comparar o CAC com o LTV. Qual é o CAC de vender um software para uma empresa? É alto: o vendedor tem de ir lá, convencer o cliente etc. No entanto, o LTV também é alto. Qual é o CAC para vender bolo na esquina? Baixo. Contudo, isso não significa que o negócio é bom. Por isso, você deve olhar o LTV, que é o valor financeiro que cada cliente lhe dará.

CRESCIMENTO *VERSUS* GESTÃO DE PESSOAS

Um dos grandes desafios no momento de escalabilidade de uma companhia é um time com as competências necessárias para atuar em uma empresa que está se tornando maior, mais complexa e completamente diferente da companhia inicial. No livro O lado difícil das situações difíceis (WMF Martins Fontes) – uma das obras que mais me inspiraram como empreendedor –, Ben Horowitz, um dos caras mais importantes do Vale do Silício, conta a sua história (como empreendedor, CEO e investidor) e dá detalhes das decisões complexas que um empreendedor deve tomar e das situações difíceis que todos enfrentamos quando a empresa começa a crescer. Quero dividir com você alguns dos ensinamentos de Horowitz que estão em seu livro – e que eu também vivi na pele.

1. Quando a empresa cresce, os funcionários precisam agir de outra maneira.

Horowitz conta que uma razão muito comum para demitir um executivo se dá quando a empresa quadruplica o seu tamanho e o profissional não consegue mais fazer o trabalho de antes. Isso acontece, pois, segundo ele, quando a companhia cresce, as funções mudam completamente e se transformam em novos empregos. Afinal, conduzir uma operação de vendas de 25 pessoas localmente é muito diferente de estar à frente de um processo global de 200 pessoas. Em alguns casos, o profissional que estava com você desde o início consegue se adaptar, aprende rápido e ficará apto a exercer a nova função. No entanto, se não tiver essa competência de se adaptar, a melhor saída é demiti-lo e contratar alguém que dê conta do recado. Horowitz diz que o executivo que não consegue se adaptar não tem culpa – nem você, que o contratou no começo. Simplesmente faz parte do jogo.

2. Para as coisas darem certo no momento de escalada, você precisa de um executivo que também escale rápido.
Se você tiver de contratar novas pessoas para o momento de escalada da sua companhia, procure quem tem experiência em situações como essa. Para que a sua organização cresça rápido, você precisa de executivos que saibam escalar – é nisso que Horowitz acredita. Só assim a companhia terá o crescimento rápido que você e o mercado exigem dela. No entanto, um profissional que saiba escalar não é, necessariamente, alguém que trabalhou em uma grande empresa, por exemplo, mas alguém com a agilidade necessária para dobrar o número de funcionários. Contudo, nunca contrate essa pessoa antes de a sua empresa estar pronta para crescer, senão, ela será subutilizada.

3. Avalie seu time pelo presente, e não por uma hipótese de futuro.
Alguns CEOs, diz Horowitz, tentam avaliar as pessoas da equipe de acordo com uma possibilidade de futuro – como uma possibilidade de a empresa escalar, por exemplo –, o que não está certo. Como CEO, você avaliará constantemente os membros de sua equipe, mas deve avaliá-los pelo presente, e não por hipóteses futuras. Segundo ele, tentar prever como um profissional agirá na escalada é contraproducente porque administrar esse cenário é uma habilidade

que se aprende, não uma competência natural – ninguém nasce sabendo como gerir centenas de pessoas. E é impossível prever como alguém agirá nessa situação. Horowitz até provoca: era óbvio que Bill Gates saberia escalar quando abandonou Harvard? Era impossível saber. Julgar as pessoas por antecipação acaba retardando o desenvolvimento delas porque, se você não acredita que são capazes, por que as ensinaria a atuar no novo cenário? Para avaliar corretamente o seu time e verificar a evolução da equipe, procure olhar para a escala constantemente. A questão não é se o executivo conseguirá escalar no futuro, mas se ele consegue escalar no atual momento da sua companhia.

CAPÍTULO 9

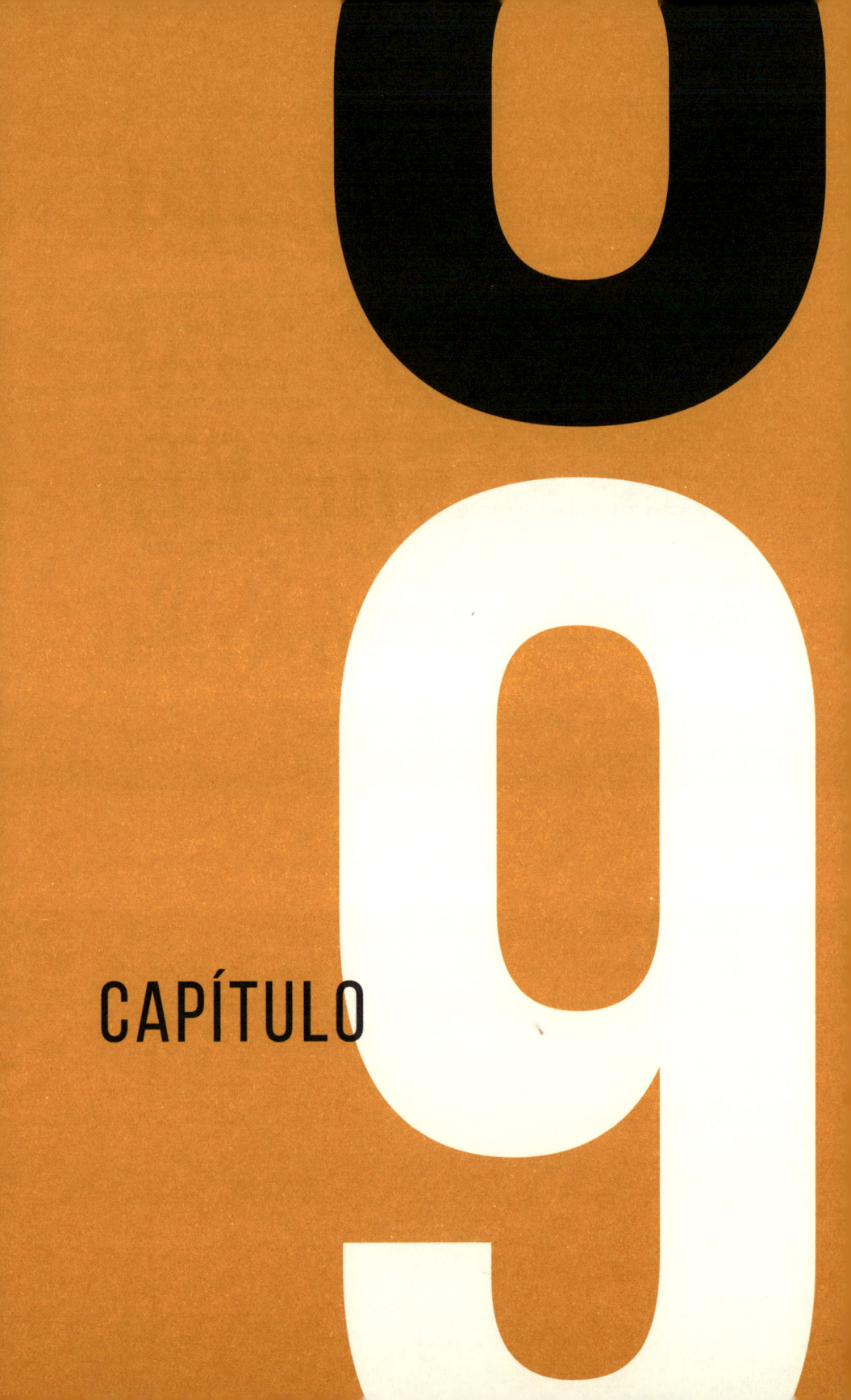

COMO APLICAR O *GROWTH HACKING*

Antes de começarmos com o tema deste capítulo – que é importantíssimo para o crescimento de uma companhia –, quero agradecer a Gabriel Costa, *growth manager* da Resultados Digitais e principal referência nessa área no Brasil, que me ajudou a escrever sobre o assunto. O termo *growth hacking* está na moda no mundo das startups. E, como tudo o que fica na moda, ele também gera muita controvérsia, discussão e definições que mudam com o tempo.

Por isso, é importante voltar às origens do termo que surgiu em 2010, com Sean Ellis, que o definiu da seguinte maneira:

COMO APLICAR O *GROWTH HACKING*

O *growth hacker* é um tipo novo e diferente de profissional de marketing. Ele é totalmente orientado ao crescimento da empresa, baseia-se muito em métricas e análises para tomar decisões e usa a tecnologia (código, scripts, softwares) para escalar seus resultados.

Esse conceito acabou se popularizando por uma razão muito simples: esse é o profissional que as empresas de rápido crescimento mais buscam. Elas querem alguém multidisciplinar, que desenvolva estratégias fora do comum, com poucos recursos e proporcione um alto crescimento.

Partindo da origem do termo, podemos definir *growth hacking* como a filosofia/metodologia que busca o crescimento acelerado e desproporcional da empresa por meio da combinação de três grandes pilares, como explica o diagrama a seguir:

1. **Criatividade** – ideias e canais pouco convencionais;
2. **Análise de dados e testes** – otimizações e decisões baseadas em dados;
3. **Scripts e softwares** para automação e escala das ações.

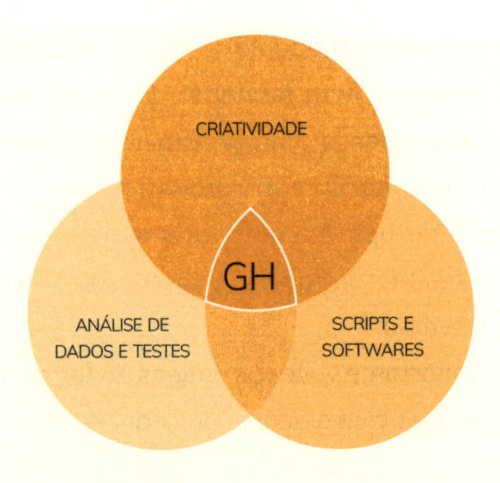

CRIATIVIDADE

GH

ANÁLISE DE DADOS E TESTES

SCRIPTS E SOFTWARES

Um ponto importante a ser destacado é que os *growth hacks* (ou seja, as ações ou táticas para crescimento) não são necessariamente *black hats* – ações para subverter o sistema, enganar o usuário ou driblar as regras –, mas táticas criativas que atuam fora das ações e dos canais tradicionais.

COMO QUALQUER EMPRESA DIGITAL PODE USAR O *GROWTH HACKING*?

Essa é uma pergunta que eu ouço bastante. Em minhas palestras e workshops sobre o tema, escuto muito que as empresas não têm tempo ou recursos necessários para implementar estratégias de *growth hacking*.

No entanto, isso sempre me intrigou porque, se voltarmos à origem do termo e ao "nascimento" da prática, podemos perceber que a essência da filosofia é exatamente a falta de recursos e a necessidade de atingir resultados. Era essa equação que estimulava os empreendedores a pensar além das estratégias convencionais (e caras) e a prestar mais atenção nos dados para poder investir energia e recursos naquilo que mais trouxesse retorno.

Na prática, toda empresa que quer crescer deve ter esse *mindset* e perseguir o crescimento. Não importam quais sejam os seus recursos: quanto menos você tiver, maior é a necessidade de desenhar e testar táticas de *growth* para não se preocupar com a disponibilidade de dinheiro, tempo, funcionários etc.

Agora você deve estar se perguntando: como faço isso? Felizmente, é possível encontrar tudo na internet. Existem centenas de serviços gratuitos (ou bem baratos) que facilitam a vida de quem quer colocar essa estratégia em prática. Listei alguns sites e ferramentas úteis:

COMO APLICAR O *GROWTH HACKING*

- **Google Analytics, Mixpanel, Heap Analytics, Kissmetrics ou outras do tipo:** ajudam a fazer análises profundas sobre o comportamento dos visitantes e dos usuários. Com base nisso, a tomada de decisão de investimento torna-se mais precisa e fundamentada.
- **Growthhackers.com:** é, atualmente, uma das maiores fontes de conteúdo sobre o tema. No site, há artigos de autores excelentes, estudos de caso, fórum de discussão, ferramenta para gestão de experimentos e muito mais. O próprio Sean Ellis criou essa plataforma com o objetivo de colocar, em um só lugar, todas as informações relevantes sobre o assunto. É indispensável para quem quer se aprofundar.
- **Zapier e IFTTT:** a melhor definição para essas duas ferramentas é "fazedores de gambiarras". Ambas trabalham integrando as mais diversas ferramentas e, por meio de uma interface intuitiva, permitem que pessoas que não entendem nada sobre códigos e programação possam fazer e automatizar coisas incríveis. Escale e automatize vários processos do dia a dia com essas ferramentas sem depender de programador.
- **Upwork:** caso você ainda precise de um programador e não possa contratar um por período integral, poderá contratar freelancers do mundo inteiro por meio da Upwork, que reúne pessoas que prestam diversos serviços a diferentes preços. A grande vantagem é que você consegue construir um script poderoso para aumentar seu potencial e seus resultados por 100 a 200 dólares.

EXEMPLOS NACIONAIS

Há alguns cases famosos sobre *growth hacking*, como os do Airbnb e Dropbox, mas, como já comentei em vários momentos do livro, gosto de trazer exemplos brasileiros – que são mais próximos da nossa difícil realidade. Destaquei alguns deles aqui para que você se inspire nas histórias.

Resultados Digitais

A Resultados Digitais é uma empresa de software de Santa Catarina que vem crescendo em um ritmo muito acelerado. Criadora do RD Station, software para automação de marketing, em poucos anos de vida já atingiu a marca de 8 mil clientes no Brasil e está se expandindo para a América Latina. Podemos dizer que a RD teve um crescimento muito agressivo num mercado ainda imaturo em razão de três grandes estratégias:

1. **Educar o mercado sobre a importância do marketing digital**
   Para que a startup mostre por que investir em marketing digital é importante, são produzidos milhares de posts, centenas de materiais de conteúdo (como e-books, webinars, planilhas, guias) e centenas de palestras em todo o país. Com isso, o pessoal da RD educa o mercado, ensina como fazer e, é claro, coloca-se como uma solução – afinal, eles vendem um software de automação que ajuda nas estratégias de marketing digital. O início de um trabalho como esse é um pouco difícil porque exige muito investimento em energia antes de colher os resultados, mas os resultados para a RD foram positivos e o trabalho se pagou.

2. Parceria com agências

Atualmente, as agências de marketing digital são os maiores potencializadores de resultado da RD. Elas funcionam como revendedoras do RD Station e ainda conseguem inserir uma camada de serviço para o cliente. A RD focou em criar um modelo de parcerias para fazer com que as agências não só vendessem o produto, mas também ajudassem os clientes a fazer sucesso com o uso do programa. Hoje, a RD tem mais de mil parceiros.

3. Criação do RD Summit

O RD Summit é o maior evento de marketing e vendas da América Latina: em 2016, foram 5.500 participantes – e uma previsão de 8 mil para 2017. O evento teve um papel muito importante nesse processo de crescimento e solidificação da RD como a grande referência no assunto de Inbound Marketing no Brasil. Além disso, ajudou a divulgar a cultura da empresa e, é claro, a educar o mercado. Com o evento, a RD gerou a sensação de que não é mais uma "startup de garagem", mas uma "empresa de verdade".

Contabilizei

O Contabilizei é uma startup que inova em um mercado totalmente tradicional e conservador: contabilidade. O objetivo principal da empresa é ajudar pequenos empreendedores – e a companhia conseguiu escalar sua operação de forma admirável.

O primeiro hack de crescimento foi usar a tecnologia para otimizar absurdamente os processos internos de contabilidade e dar escalabilidade ao negócio. Com isso, a empresa reduziu muito seus custos e, consequentemente, o valor da mensalidade que cobra de seus clientes (eles são dez vezes mais baratos do que os praticados por um escritório de contabilidade tradicional). Com essa redução, foi possível acessar um mercado gigantesco de pequenos empreendedores e autônomos que precisavam ter um escritório de contabilidade de qualidade, mas sem gastar um valor significativo no seu orçamento.

O segundo *hack* foi eliminar a taxa de abertura de empresa e absorver esse custo – com a expectativa de o cliente pagar isso no médio prazo. Enquanto muitos escritórios cobram de 800 a 1.500 reais apenas no processo de abertura de uma empresa, o Contabilizei absorveu totalmente esse valor e só cobra as taxas obrigatórias do governo. Dessa forma, a empresa retira praticamente todo o atrito para o empreendedor e oferece um benefício desproporcional em comparação com outros escritórios de contabilidade. Isso fez com que o Contabilizei crescesse absurdamente nos últimos três anos, vendesse para dezenas de milhares de clientes e recebesse várias rodadas de investimentos.

O CASO DA EASY TAXI

Não podia deixar de explicar, é claro, como consegui os primeiros taxistas e resolvi o problema do ovo e da galinha. Estávamos em 2011 e quase não existiam pessoas com planos de dados em seus smartphones – na verdade, praticamente não existiam smartphones no Brasil. O Rio de Janeiro ainda vivia o final da febre da Nextel e quase TODOS os taxistas tinham celulares desse tipo – poucos tinham ouvido falar nessa tal de "internet no celular". Eu vivia, então, um dos maiores desafios da minha vida: convencer os taxistas a comprar smartphones e homologar um plano de dados para que pudessem começar a operar com a Easy Taxi.

Estava pensando loucamente em um *hack* para convencê-los a comprar um smartphone. O melhor jeito, eu me dei conta, seria entrar no mundo deles para entender seus medos e anseios. Para isso, usei uma abordagem empírica de pesquisa, convivendo o máximo possível com esse público para compreender suas principais características e, assim, traçar um plano para convertê-los... Participei de várias reuniões de associações, carreatas, churrascos – e quase perdi a canela jogando futebol com esses caras.

Era janeiro de 2012. Eu tinha passado o pior Natal da minha vida por causa daquela quase falência que se transformou em um acordo judicial e praticamente limpou o caixa da empresa (história que contei para você algumas páginas atrás). Eu me lembro de que meu sócio, Daniel Cohen, e eu rodamos a pé, sob um sol de 40 graus, todos os pontos de táxi da Zona Sul tentando convencer os taxistas a comprar smartphones, homologar um plano de dados e começar a usar o app da Easy Taxi.

Dani e eu tínhamos raspado nossas economias (eu vendi meu carro) para investir na empresa e comprar celulares que foram distribuídos aos taxistas interessados em testar a plataforma. O problema é que esses motoristas não davam valor ao celular. A bateria acabava muito rápido e ninguém tinha carregador veicular naquela época. O resultado? Dificilmente tínhamos um número razoável de taxistas logados na plataforma, o que causava desequilíbrio entre a oferta e a demanda. Não tínhamos resolvido o dilema do ovo e da galinha, um dos maiores desafios de qualquer *marketplace*.

No entanto, o insight que me fez conseguir um volume razoável de taxistas e possibilitou rodar um dos primeiros *marketplaces* de serviços do mundo estava prestes a acontecer. E graças à indústria pornô.

Um belo dia, passando pelo bairro de Botafogo, em frente ao Shopping Rio Sul, onde ficava um dos postos que mantinha a maior concentração de taxistas porque ali havia um posto de GNV barato, um taxista me reconheceu e me chamou para ver o novo aparelho de DVD que ele havia comprado para seu táxi. Ao entrar no carro, ele ligou o aparelho e começou a rodar um filme pornô... Imaginem a saia justa!

Eu fiz uma brincadeira qualquer para descontrair e o taxista me deu uma desculpa dizendo que depois do almoço ele gostava de assistir a um filme pornô para relaxar (seja lá o que isso quer dizer). =O

Então, tive uma ideia. Peguei meu smartphone do bolso, abri um filme pornô e disse ao taxista que ele não precisava de um DVD para assistir aos seus filmes pornôs... O motorista ficou chocado quando viu que meu celular era capaz de rodar o filme com boa qualidade. Ele perguntou, então, se era muito caro comprar esses filmes para ver no celular. Aí eu vi a oportunidade ideal. Eu disse que o filme pornô era gratuito, que bastava um celular com plano de dados e que eu ensinaria um "macete" (gíria que todo mundo que já jogou videogame conhece) para que ele conseguisse assistir a esses filmes gratuitamente.

Sabe quando o Windows mostra aquela tela azul de erro? Foi assim que o taxista ficou por alguns segundos ao descobrir que eu tinha uma forma de assistir, no meu celular, a filmes pornô gratuitamente. Na mesma hora, ele chamou todos os outros taxistas do ponto e eu me vi no meio de uma roda de homens, mostrando o filme pornô para os caras.

No mesmo dia, fui para casa e comecei a produzir uma espécie de voucher que dizia:

"Celular da Easy Taxi com filme pornô de graça. Ligue para XXXXX [meu número de telefone] e reserve o seu; 5% de desconto até o dia xx/xx [nós dávamos uns dez dias de prazo]".

Imprimi alguns em casa e voltei para a minha rota de visitas a pontos de táxi distribuindo os panfletos – e mostrando filmes pornô aos motoristas. Essa rotina começava de manhã e ia até a noite. Eu não descansava; parava no máximo para um açaí e um sanduíche.

A estratégia deu certo. Os pedidos começaram a chegar e aí veio o problema: como conseguir o danado do desconto de 5%? Eu achava que, com volume de pedidos, conseguiria o desconto nas lojas que vendiam celulares. Contudo, a verdade é que esses estabelecimentos não têm margem e só consegui uma negociação pouco amigável: um lojista me ofereceu os 5% se todos os taxistas comprassem à vista (débito ou dinheiro) e se tivéssemos no mínimo dez taxistas interessados.

Com muito esforço, negociei o dobro. Então, eu e vinte taxistas fomos até a loja comprar os celulares juntos. Eu me senti o "tio da excursão" levando o pessoal para o passeio. Ao adentrar a loja, foi aquela confusão de praxe. Ao habilitar o plano de dados, os taxistas me abordaram logo na saída da loja e pediram que eu "instalasse o filme pornô para eles". Todos Android, o que era bom, pois esse sistema operacional permite favoritar páginas na internet e criar ícones na home como se fossem aplicativos. Foi o que fiz com todos.

O SER HUMANO GOSTA
DE PROMOÇÃO, NÉ? E ISSO
VALE NO BRASIL E NO RESTO DO
MUNDO — TANTO QUE USAMOS
ESSA MESMA FÓRMULA NA
NOSSA **EXPANSÃO GLOBAL.**

COMO APLICAR O *GROWTH HACKING*

Agora tínhamos outro grande problema: fazer com que os taxistas permanecessem logados na plataforma. Então vi uma oportunidade para resolvê-lo. Criei naquele momento um *hoax* e disse a eles que, se não se logassem no app da Easy Taxi pelo menos uma vez por dia por um período de cinco horas, o "aplicativo pornô" pararia de funcionar em determinado momento (não necessariamente no dia seguinte) e nunca mais poderia ser acessado por aquele celular. Essa era a minha condição para ensinar o tal do "macete". No dia seguinte, tínhamos boa parte dos taxistas logados e conseguimos resolver o problema do ovo e da galinha, pois poderíamos divulgar agressivamente a Easy Taxi com a certeza de que as pessoas seriam atendidas.

COMO CRIEI UMA FORMA ESCALÁVEL DE CAPTAÇÃO DOS TAXISTAS

Obviamente, não era nada escalável mostrar um filme pornô para taxistas a fim de convertê-los para a base. Esse foi só um recurso do desespero para sairmos do zero e começarmos a rodar. No entanto, ter vivido essa situação me deu uma ideia de como escalar a captação desses profissionais. A fórmula era a seguinte:

Combustível mais barato na praça + postos que tenham esse combustível abaixo do preço de mercado = aglomeração de taxistas.

Aplicamos essa fórmula e começamos a montar nossos postos de recrutamento nesses locais. Enquanto o motorista parava para abastecer, nós o abordávamos e falávamos sobre a Easy Taxi e explicávamos por que ele deveria se cadastrar na plataforma. A conversão ainda não estava alta, mas tínhamos achado o canal.

Após o nosso *funding*, tínhamos dinheiro para ser mais criativos e começamos a usá-lo para otimizar nossos canais de aquisição. Mesmo assim, mantivemos o espírito da nossa fórmula e usamos os postos de combustível para fazer o primeiro *hack* após o investimento. Para isso, comprei spots nas principais rádios ouvidas nos táxis (no Rio de Janeiro, por exemplo, era a Band) e usei os espaços comerciais como moeda de troca com os postos de gasolina para que tivéssemos um ponto fixo para recrutar os taxistas e colocássemos um time uniformizado para trabalhar lá.

A proposta era boa para os dois lados, tendo em vista que os postos receberiam potenciais clientes para seus serviços. Nos postos, tínhamos uma isca para os taxistas: eles recebiam um *pitch* sobre a empresa e preenchiam um cadastro que os levaria a concorrer a um smartphone. O ser humano gosta de promoção, né? E isso vale no Brasil e no resto do mundo – tanto que usamos essa mesma fórmula na nossa expansão global. Não importava se era na Coreia do Sul ou na Colômbia, funcionava perfeitamente! Conseguíamos nosso espaço nos postos de combustível sem pagar nada e tínhamos alguns modelos com roupas de padronagem que remete a táxi para atrair os taxistas e fazê-los ter interesse em falar conosco.

PRINCIPAIS CANAIS DE *GROWTH HACKING* PARA NEGÓCIOS DISRUPTIVOS

Negócios disruptivos são aqueles que desafiam o *status quo*, que desconstroem verdades, que revolucionam mercados e, por consequência, a vida das pessoas. Esses negócios são frequentemente vistos como loucura pelos fundadores. Eu mesmo fui chamado de louco e ridicularizado inúmeras vezes quando dizia,

COMO APLICAR O *GROWTH HACKING*

em 2011, que em alguns anos ninguém chamaria um táxi a não ser por aplicativos. Provavelmente, você já deve ter ouvido que sua ideia é maluca ou que parece impossível de executar, mas agora você já sabe como validá-la e eliminar boa parte do risco de investir seu bem mais precioso (seu tempo) em uma furada.

Outra característica de negócios disruptivos é a necessidade de quebrar paradigmas e preconceitos. Por exemplo, em 2011, meus amigos se negavam a usar a Easy Taxi e diziam que só confiavam nos taxistas das cooperativas e que não teriam coragem de andar em táxis que não fossem cooperados, pois sentiam-se inseguros.

Vivo a mesmíssima situação hoje na Singu, pois algumas amigas e amigos ainda são reticentes a usar o aplicativo porque consideram um risco chamar uma manicure ou uma massagista que ainda não conhecem. Assim como na Easy Taxi, fazemos todo o processo de checagem de ficha criminal, cadastro de endereço e documentos dos prestadores de serviço que trabalham na plataforma, o que traz para perto de zero a chance de acontecer algum tipo de imprevisto relativo à segurança – mas as pessoas não sabem. Por isso, é importante que você use o canal certo, que tenha a credibilidade para lhe emprestar e subconscientemente afirmar que o seu trabalho é legítimo.

Estou falando de PR (*Public Relations* ou Relações Públicas). Este é, sem dúvida, o principal canal de crescimento para um negócio disruptivo – tanto que mais de um terço do crescimento da Easy Taxi e da Singu aconteceu (e está acontecendo) por meio desse canal. Ao contratar uma agência de PR, seu porta-voz receberá um *media training* para que seja preparado a dar entrevistas e ter contato contínuo com a mídia. Esse porta-voz, com sua equipe de comunicação (se ela existir), trabalhará em conjunto com essa agência para gerar conteúdos relevantes para aqueles veículos que são importantes para o seu negócio. Existem basicamente três pilares para um PR bem-sucedido:

(i) Conteúdos relevantes para o veículo-alvo;
(ii) Credibilidade no segmento para emissão de opiniões;
(iii) Relacionamento com os principais repórteres e editores.

Esses pilares dependem da qualidade da agência que você contrata, portanto, eu não economizaria em uma boa agência de PR.

Outro canal importantíssimo, mas pouco falado é o ASO (*App Store Optimization*). Ele é primordial para todos aqueles que têm um aplicativo em alguma loja. ASO é um processo de otimização que precisa ser monitorado e mudado sazonalmente. Raras vezes, o melhor conjunto de *keywords* (palavras-chave) é o primeiro que você coloca na loja. A boa notícia é que, em razão da falta de maturidade, não existem muitas estratégias comuns que utilizam essa técnica. Geralmente, deixamos esse processo nas mãos dos desenvolvedores que estão publicando o aplicativo nas lojas, e eles, obviamente, escolhem palavras-chave na última hora e escrevem descrições sucintas e práticas. A bem da verdade, eles consideram que o trabalho está feito e querem simplesmente publicar logo esse trabalho e fechar o ticket.

Na maioria dos casos, muito pouca ou até nenhuma pesquisa de palavras-chave é feita antes de submeter o app, deixando-o perdido no limbo das App Stores. ASO não é um processo simples, e você muito provavelmente não verá resultados da noite

COMO APLICAR O *GROWTH HACKING*

para o dia, mas, se estiver disposto a investir nisso, o resultado pode ser incrivelmente lucrativo.

Desenvolvedores precisam monitorar constantemente o ranking de seus apps e de seus competidores. Para isso, eu recomendo o App Annie, um software de BI focado em mobile. Muitos aplicativos são submetidos diariamente e uma constante leva de *reviews*, avaliações e downloads pode afetar drasticamente sua posição no ranking. Continue testando e experimentando com suas palavras-chave para que seu app ranqueie sempre bem e tenha mais downloads. No entanto, façamos uma coisa de cada vez! Antes de começar, precisamos nos fazer algumas perguntas:

(I) Quem são seus usuários em potencial? Costumes, linguagem etc.
(II) Como eles descreveriam seu app?
(III) Quais são os três principais motivos para que eles baixem seu app?
(IV) Quais palavras-chave seus competidores usam?
(V) Quão facilmente você consegue competir com apps que usam as mesmas palavras-chave?
(VI) Qual é sua vantagem competitiva?
(VII) Devo usar as palavras-chave mais óbvias ou as menos óbvias, que descrevem meus pontos diferenciais mais fortes? Sua estratégia de ASO começa com você se colocando no lugar de seus usuários. Seu objetivo é facilitar a descoberta do seu produto nas buscas em App Stores e usar as palavras-chave que gerem maior tráfego.

A melhor forma de identificar essas palavras mágicas é por meio da pesquisa do usuário, ou seja, descobrindo exatamente quais termos fazem com que seus usuários escolham seu app e a linguagem natural que eles usariam para descrevê-lo. Felizmente, ASO não se resume apenas a conhecer seu público e escolher palavras-chave. Cada loja, Apple e Google, tem suas particularidades e possibilidades de aumentar as chances de que o usuário perfeito encontre seu produto.

Portanto, aqui vai uma dica: levante essa bunda da cadeira e vá tentar algo novo! Seu negócio não vai crescer se você ficar olhando para uma planilha de Excel torcendo para que os números sejam mais favoráveis. Quer um resultado diferente? Então tente algo diferente! Einstein diria que maluco é aquele que espera um resultado diferente em diferentes experiências ao executar um processo idêntico.

Um jeito de hackear seu negócio, sobretudo se você estiver lançando um produto ou *feature*, é ligar pessoalmente para uma amostragem de clientes e conversar com eles sobre sua experiência. Esse é, de longe, o melhor processo para diagnosticar os problemas e endereçar as soluções.

CAPÍTULO 10

É A HORA DE FAZER O *EXIT*?

Ao longo deste livro, procurei abordar os principais desafios que uma pessoa terá de enfrentar ao empreender no Brasil. Como comentei no início desta jornada, nosso país tem particularidades que dificultam enormemente a vida de um empreendedor – em todas as fases do negócio, na validação, na captação de investimentos ou no assunto de que vamos tratar agora: o momento de sair da empresa. A saída (ou exit, no jargão do mercado) nada mais é que o momento em que o empreendedor decide deixar a empresa e vender sua participação na companhia.

É A HORA DE FAZER O *EXIT*?

Embora seja um assunto muito importante, existe pouquíssima literatura sobre ele aqui no país – e essa foi uma das razões que me fizeram abordá-lo neste livro. E por que ninguém fala muito sobre isso? Bem, primeiro porque existe a falsa ideia de que, no Brasil, os empreendedores não fazem o exit. Isso é um mito.

Durante o webinar sobre esse assunto, meu convidado, Alexandre Liuzzi, cofundador na eGenius, referiu-se a um texto que Edson Rigonatti, da Astella Investimentos, escreveu sobre exits no Brasil.[37] Ali, ele cita uma lista de 117 exemplos! É uma lista de respeito e há casos como: o Itaú, que comprou a iCarros; a Tivit, que adquiriu a OneCloud; o Santander, que comprou a ContaSuper; e a B2W, que comprou a Sieve.

Esses exemplos, é claro, podem parecer uma gotinha no oceano se compararmos com o que acontece nos Estados Unidos. Entretanto, é necessário lembrar que estamos criando um ecossistema de startup no país. Isso quer dizer que existe, sim, um movimento de liquidez e que você, como empreendedor que quer ver o próprio negócio crescer, precisa pensar sobre o assunto para se planejar para o futuro.

Um exit geralmente acontece quando a companhia já está madura e dando retornos financeiros, quando você já passou pela maioria das fases abordadas neste livro ou quando uma empresa se vê ameaçada pelo produto/time que está concorrendo e deseja fazer o que chamamos de *acqui-hiring*. Ou seja, quando o seu produto realmente resolveu o problema das pessoas e se tornou/está

---

[37] RIGONATTI, Edson. What Noticeable Exits has Brazil Seen in Recent Years? *Quora*, out. 2011. Disponível em: https://www.quora.com/What-noticeable-exits-has-Brazil-seen-in-recent-years. Acesso em: 23 set. 2020.

UM *EXIT* GERALMENTE ACONTECE QUANDO A COMPANHIA JÁ ESTÁ MADURA E DANDO RETORNOS FINANCEIROS, QUANDO VOCÊ JÁ PASSOU PELA MAIORIA DAS FASES ABORDADAS NESTE LIVRO OU QUANDO UMA EMPRESA SE VÊ AMEAÇADA PELO PRODUTO/TIME QUE ESTÁ CONCORRENDO.

É A HORA DE FAZER O *EXIT*?

se tornando relevante no seu mercado de atuação. Ainda não dá para pensar em saída quando você acabou de validar o MVP. Tire isso da cabeça! Ninguém compra ideia, esqueça esse negócio de vender sua empresa. Vender o negócio é um mal necessário para aqueles que não conseguem fazer um IPO – nessa hora, é preciso pensar em investimento, e não em vender o negócio. Para fazer o exit é necessário ter capacidade de geração de valor em grande escala ou valor estratégico para o comprador. Antes disso, a companhia não está pronta para a venda.

Existem alguns modos mais comuns de exit. Uma startup pode ser vendida para uma grande empresa nacional que atua nesse segmento e que está atrás de inovação (ou que quer acabar com um potencial concorrente); ou para uma companhia estrangeira que deseja atuar no Brasil e quer comprar alguma operação para entrar no país, por exemplo. Nessas modalidades, a startup é vendida pelo valor de mercado que gera e por seu potencial de crescimento e inovação. Outro modo de aquisição, que é extremamente raro no Brasil, é a compra da empresa por outra companhia que queira o time que trabalha ali, ou seja, o que chamamos de *acqui-hiring*. Isso aconteceu comigo na Singu, quando um grande *player* quis comprar meu time, mas, como eu estava (e ainda estou) no começo da operação e não tinha fechado meu ciclo na companhia, não vendi. Em vez disso, convenci o interessado em investir na empresa porque meu time e eu ainda temos muito o que fazer à frente da Singu em vias de concretizar nossa missão.

Nesse mundo do exit, vale um alerta: não dá para entrar no empreendedorismo com a cabeça focada no momento de vender a empresa. Entra no empreendedorismo quem deita a cabeça no travesseiro e não consegue dormir à noite pensando em um problema que quer resolver (e que será a base do negócio). Quem entra com o objetivo de ganhar dinheiro vai se frustrar. Se você tem essa meta, é melhor não empreender e, em vez disso, trabalhar para outras pessoas. Só empreenda se você realmente se incomoda com aquela dor e quer resolver esse problema com tamanha intensidade, que resolve arriscar a própria vida em prol disso. É óbvio que dinheiro é importante, afinal, discurso bonito não paga as contas, mas este não deve ser seu objetivo primário. Quem entra pensando na hora de vender está com um comportamento que, no longo prazo, não é benéfico para os negócios. No entanto, imagino que, se você já chegou até aqui na leitura deste livro, empreender realmente faz sentido para o seu projeto de vida – e não somente para a sua conta bancária.

Agora quero falar sobre as implicações práticas do momento do exit. Existem três grandes fatores que você precisa levar em consideração nessa hora: os pessoais, os societários e jurídicos e os financeiros e fiscais. Vou explicar cada um deles agora.

FATORES PESSOAIS

A grande pergunta que você deve se fazer aqui é: quais são as minhas razões para deixar o negócio? Responder a isso nem sempre é simples e demanda refletir sobre seus objetivos pessoais e sobre o que você quer realizar ao longo da sua trajetória. Eu, por exemplo, tenho o sonho de ser CEO de uma empresa de capital aberto, algo que ainda não realizei e que determina as escolhas que faço na minha trajetória – acredito que estou em um processo de aprendizado que vai me levar até essa meta.

É A HORA DE FAZER O *EXIT*?

Em 2015, quando fiz o exit da Easy Taxi, cheguei à conclusão de que estava na hora de eu dar outro passo. Na minha decisão, três fatores pesaram: primeiro, eu precisava de um novo desafio: já estava há quatro anos à frente da empresa, havia liderado sua expansão para 35 países e quatro continentes e o desalinhamento com os sócios investidores estava cada vez maior. Segundo, vislumbrava inúmeras oportunidades que eu poderia perder se continuasse na Easy; terceiro, meus sócios e eu estávamos muito diluídos – menos de 10% de equity para o grupo fundador –, o que era resultado de contínuas rodadas de *funding* em que levantamos mais de 85 milhões de dólares, que possibilitariam o crescimento e a continuidade da companhia.

Esses fatores foram muito claros para mim – e para meus sócios – e nos ajudaram na decisão de sair. Essa clareza é essencial para os empreendedores nessa hora, pois o momento da saída é cheio de meandros de negociação com os sócios e com os possíveis compradores da sua companhia. Sem um motivo forte, a saída pode ficar prejudicada. As razões podem ser diversas, desde a vontade de fazer algo diferente (como foi o meu caso) até algo mais pessoal (como a necessidade de dedicar mais tempo para a sua família porque acabou de ter um filho, por exemplo). No meu ponto de vista, acredito que esses fatores devem pesar mais do que a questão meramente financeira. Quer dizer, acho um erro quando o empreendedor ainda não encerrou seu ciclo de conhecimento e aprendizado com aquela empresa e, mesmo assim, a vende na primeira oportunidade. É claro que não se pode julgar a decisão de uma pessoa quando vem uma proposta de, por exemplo, oito/nove dígitos para uma companhia, mas eu acredito mais em questões extrafinanceiras para levar à decisão do exit. Senão a chance de arrependimento no futuro é muito grande.

FATORES SOCIETÁRIOS E JURÍDICOS

Uma vez, um investidor experiente me disse que 80% das falências de startups acontecem por brigas entre os sócios – é um número extraoficial, mas deve estar muito próximo da realidade. Falei bastante sobre a importância de criar um bom relacionamento com seus sócios e, mais que isso, sobre fazer um contrato societário amplo, detalhado e com amparo de um advogado para que as discórdias – que sempre podem (e provavelmente vão) existir – não se transformem em brigas judiciais que acabam quebrando a empresa. No contrato societário, é importante ter uma cláusula sobre exit com os pontos do que será feito caso os sócios não concordem entre si. Ali devem constar os critérios de desempate, como um voto de minerva, por exemplo.

No melhor dos mundos, os sócios concordam. Foi isso que aconteceu comigo na Easy Taxi. Todos nós conversamos e entendemos que, em vez de fazer mais uma rodada de investimento para o próximo passo da companhia, o melhor seria que deixássemos a empresa. Fomos, então, conversar com os nossos outros sócios, os investidores, e fechamos um acordo. Combinamos uma transição e o processo se encerrou quase um ano após a primeira conversa.

Após minha saída, a Easy continuou a disputa no acirrado mercado de *ride hailing* sob o comando do Dennis Wang. A dinâmica competitiva mudou significativamente nos últimos anos. Após as grandes capitalizações da Uber, os investidores começaram a financiar o crescimento dos *players* regionais e locais, como Didi, Grab, Ola, entre outros.

A Easy entendeu que precisava concentrar seus recursos (capital, produto e foco do *management*) para se manter com-

É A HORA DE FAZER O *EXIT*?

petitiva e, por isso, focou suas operações na América Latina, onde tinha dominância de mercado. Assim, a Easy conseguiu ajustar seu produto às demandas locais: formas de pagamento, funções específicas para garantir a segurança e um relacionamento próximo aos motoristas e aos passageiros. Lembre-se de que a localização do produto para um *marketplace* de serviços é fundamental para brigar com os grandes *players* internacionais – foi assim que o Alibaba conseguiu brigar (e ganhar) do eBay na China.

Outro ponto importante foi entender e antecipar o cenário de *funding* na América Latina. A região sempre teve acesso mais restrito a capital do que outras regiões do mundo, sendo os principais motivos: menos disponibilidade de capital de risco (lembre-se da questão da taxa Selic no país), mercado menor, em comparação com os Estados Unidos, a Europa e a Ásia, e menor atratividade, se compararmos com a Índia e o Sudeste Asiático, dadas as complexidades locais como economia e política. Esse cenário ainda foi agravado pela crise econômica (e depois política) no país em 2015.

Por tudo isso e também por uma base significativa de corridas/transações, a Easy começou a monetizar, ou seja, cobrar pelo serviço prestado ao motorista. As receitas da empresa subiram rapidamente garantindo entrada de caixa para a empresa. Do outro lado, a empresa também focou em melhorar a eficiência operacional. A Easy cresceu depressa nos seus primeiros anos e, consequentemente, muitos processos precisavam ser melhorados. Com a melhoria de processos, o uso de tecnologia para automatização e o forte controle financeiro, a empresa conseguiu reduzir seus custos.

Uma parte fundamental de eficiência foi reestruturar a organização do *headquarter* e das operações com uma descentralização mais forte e foco em cidades maiores. Há duas formas em que as empresas multinacionais em geral operam: fortemente centralizadas no HQ – como o Google e o Facebook, por exemplo – ou descentralizadas, cujo benefício é a localização do serviço/produto. No caso da Easy, a segunda forma fazia muito mais sentido, como mencionei antes.

Com receitas crescendo e os custos estáveis, a Easy conseguiu ser a primeira empresa de *ride hailing* com escala a chegar ao *breakeven* no mundo em março de 2016. Esse feito ajudou a empresa a esticar o *runrate* (quantidade de meses que a empresa tem caixa para rodar). No entanto, em um mercado competitivo, era fundamental para a Easy buscar recursos adicionais para continuar a crescer na velocidade dos *players* globais. Os recursos poderiam vir de *players* financeiros ou de um estratégico, que estavam de olho na América Latina.

A Easy sempre foi defensora da consolidação de mercado, pois isso resulta em melhores *valuations* no futuro e também uma posição melhor para competir com os *players* globais. Entre as diversas opções na mesa, a Easy foi vendida para a Cabify (com investimento da Rakuten, grande grupo japonês, no começo de 2017), em um *deal* que figura entre os três maiores *deals* na história do ecossistema brasileiro de startups.

FATORES FINANCEIROS E TRIBUTÁRIOS

Na hora da venda, você precisa também calcular o valor justo da sua saída. Para isso, vale aplicar o *net present value*, ou "valor presente descontado", que traz o valor presente da empresa

É A HORA DE FAZER O *EXIT*?

menos sua taxa de desconto para o investimento, que, no mundo das startups, gira em torno de 50%. Esse cálculo dá uma ideia de valor para negociar com quem estiver interessado em comprar a sua companhia. O valor pelo qual a compra será fechada é importante, mas um aspecto importantíssimo e sobre o qual quase ninguém fala é a estruturação financeira da saída, ou, em bom português, como você pode, legalmente, estruturar a sua empresa para não ter uma cobrança exacerbada de impostos. Isso deve ser feito no começo da sua startup, e não no momento da venda – porque é algo que exige tempo para que seja bem feito. Eu não sabia desse aspecto quando vendi a Easy Taxi e, por isso, o Estado brasileiro abocanhou quase 23% do meu exit – valor que certamente não será revertido para melhorar a vida da população do país; afinal, jamais um burocrata gastaria nosso dinheiro pensando em qualquer coisa, senão nele mesmo. Os escândalos de corrupção e corporativismo revelados pela operação Lava Jato deixam claro quão tóxico para um país é empoderar burocratas para que eles possam tomar decisões com dinheiro público. Eu fui roubado pelo Estado brasileiro e paguei os impostos, é claro, caso contrário poderia ser processado e, se me negasse a pagar a multa, seria preso; se resistisse à prisão, seria assassinado pelo Estado. Portanto, façam de TUDO para evitar que o Estado roube os proventos do seu próprio esforço, pois imposto é roubo!

Saiba que montar a sua estrutura financeira de modo correto demanda, necessariamente, um bom advogado tributarista. Por quê? Bem, porque você pode correr o risco de, ao tentar reduzir as implicações de impostos, ser considerado um fraudador fiscal, visto que uma normativa da Receita Federal diz que montar uma estrutura cujo objetivo é um benefício fiscal é sonegação. Então, antes de estruturar, é necessário consultar a Receita e ter uma justificativa plausível para essa estruturação, como o horizonte de expandir fora do Brasil e montar uma estrutura no exterior ou a possibilidade de receber aportes de investidores estrangeiros. Converse com um tributarista, pois ele saberá orientá-lo.

Quanto antes você receber aconselhamento tributário, melhor. Assim haverá mais chances de a sua companhia ser eficaz e de a sua contribuição ser justa. Apesar de que na minha visão ela deveria ser zero. =D

A VERDADEIRA FUNÇÃO DO CEO

Talvez você esteja pensando: "Eu não quero vender a minha empresa, nem por todo o dinheiro do mundo, quero continuar fazendo o que estou fazendo para sempre". É um pensamento válido, é claro. Mas apenas se você se reinventar – e reinventar a sua companhia o tempo todo. Vender e partir para outra é um processo que entra nessa esteira de transformação, mas quem quiser continuar tocando o mesmo negócio tem de entender que, em dez anos, provavelmente, o seu modelo de negócio, como ele existe hoje, vai morrer –, a não ser que comande uma mudança.

A maioria das companhias que integravam a lista de gigantes da *Fortune 500* em 1955 já fechou – segundo um levantamento de Salim Ismail, no livro *Organizações exponenciais* (HSM Editora), 89% delas já não integram mais a lista. A média de tempo de permanência de um diferencial competitivo (como uma tecnologia, por exemplo) caiu de trinta anos, em 1984, para míseros cinco anos em 2014. Sim, é assustador. No entanto, é a realidade da era do crescimento exponencial em que estamos

É A HORA DE FAZER O *EXIT*?

inseridos. Por isso, a sua companhia tem chances reais de não existir mais daqui a dez anos. No mercado, hoje, vale a máxima de Charles Darwin: não são os mais fortes que sobrevivem, mas aqueles com maior capacidade de adaptação.

E você, como CEO, é o responsável por manter a sua empresa alinhada com as transformações do mercado. Para isso, além de ter a cabeça aberta para o que está acontecendo fora do seu escritório, você precisa tomar cuidado para que uma síndrome da cultura corporativa não afete a sua companhia: a **cegueira coletiva**. Essa doença faz com que alguns executivos prefiram enxergar apenas aquilo que lhes convém – afinal, por que se preocupar com algo que terá de ser defendido com afinco e enfrentar a desconfiança de vários colegas? Em geral, esse "algo" são aqueles projetos disruptivos que mudam completamente a forma como a empresa está acostumada a operar – às vezes, quando se trata de empresas mais tradicionais, essa maneira está enraizada na companhia há décadas. O problema é que operar nesse modelo que valoriza a permanência dos processos e que descarta a inovação simplesmente porque inovar dá trabalho vai acarretar a morte de uma companhia ou a perda de uma grande oportunidade de negócios.

Para sair do clichê de citar exemplos norte-americanos, vou falar das chances que companhias no Brasil perderam por não enxergarem a inovação e que era hora de mudar. Grandes redes de pizzaria locais poderiam ter antevisto o fenômeno da adoção mobile – a Sala Vip, em São Paulo, ou a Parmê, no Rio de Janeiro, poderiam ter criado seu app de entrega de pizzas antes que o iFood o fizesse. A NET poderia ter criado seu serviço de *streaming* antes da Netflix, mas há pouquíssimo tempo

É SEU DEVER NÃO PERMITIR QUE A CULTURA ORGANIZACIONAL FIQUE IMPREGNADA POR ESSA CEGUEIRA, QUE O SISTEMA IMUNOLÓGICO DA COMPANHIA ATRAPALHE O FUTURO DO SEU MODELO DE NEGÓCIO, IMPEÇA QUE ELE EVOLUA.

É A HORA DE FAZER O *EXIT*?

soltaram o Now – que, de vez em quando, funciona bem, tirando o fato de que o aluguel de um filme custa quase a mensalidade da Netflix. Grandes cooperativas de táxi poderiam ter criado seu aplicativo de transportes antes que eu o fizesse em 2011. E a possibilidade era concreta: eu ofereci o serviço a eles, mas só ouvi vários "não estamos interessados" como resposta.

Sabe por que nenhuma dessas empresas se anteciparam ao que estava por vir? Porque seus executivos estavam contaminados pela cegueira coletiva. Com certeza alguns deles ou funcionários dessas companhias tiveram ideias de fazer algo disruptivo em seu negócio, mas a cegueira coletiva do ambiente corporativo podou essas pessoas, que são pontos fora da curva. O tempo mostrará o efeito colateral dessa atitude nefasta, criada pelo sistema imunológico das companhias, que insiste em expelir tudo aquilo que é diferente, tudo aquilo que destoa do comum.

Se você é o CEO de uma companhia, é seu dever não permitir que a cultura organizacional fique impregnada por essa cegueira, que o sistema imunológico da companhia atrapalhe o futuro do seu modelo de negócio, impeça que ele evolua. O mundo está mudando todos os dias com muita velocidade e é papel de quem está à frente de uma empresa entender essa complexidade e volatilidade e ficar atento às ondas de transformações. Isso significa ouvir com muita atenção e levar a sério quem tem uma ideia que parece maluca. Hoje, temos mais de 2 bilhões de aparelhos conectados à internet; daqui a 35 anos esse número será de um trilhão. Existe um mundo de oportunidades a ser aproveitadas e é preciso se vacinar contra a cegueira coletiva. Você pode ser uma empresa disruptiva agora, mas, se não se preparar para manter um DNA inovador, será atropelado pelos novos entrantes, assim como diversas companhias tradicionais.

Existem algumas atitudes que ajudam a eliminar a cegueira coletiva e remediar o sistema imunológico para que a inovação não seja expelida da sua organização:

1. **Faça um *hackaton* por semestre:** *hackatons* são maratonas de desenvolvimento, em geral adotadas para a criação de um software, mas que podem ser facilmente adaptadas para processos ou produtos físicos, por exemplo. Recomendo que aconteçam pelo menos dois *hackatons* por ano na sua empresa e que cada projeto vencedor seja executado religiosamente; sem dúvida será o melhor investimento em pesquisa e desenvolvimento que sua empresa fará. Muitas empresas erram feio ao realizar *hackatons* e não executar os projetos vencedores. Ao fazer isso, além de desperdiçar tempo e dinheiro no evento, você frustra seu time e poda a inovação na raiz.

2. **Democratize a opinião:** não faz sentido contratar pessoas inteligentes e bem formadas para que a palavra final seja sempre a dos chefes. É importante adotar a cultura da argumentação: se o estagiário tem um ponto de vista, deixe que ele explique seu pensamento. Caso não concorde com o que foi exposto, o gestor tem o dever de contra-argumentar para explicar por que aquela ideia não é viável. Adotando essa cultura, você vai incentivar o time a contribuir para a companhia e vai construir um dos sentimentos mais importantes para a vida de uma companhia: o senso de dono, que deve estar enraizado em cada um dos funcionários.

É A HORA DE FAZER O *EXIT*?

3. Sente-se um dia por mês no call center: todo gestor, do CEO ao coordenador, deveria obrigatoriamente passar um dia no call center. É nessa área que você encontrará as respostas para o próximo grande lançamento da sua empresa, ou a adaptação no seu produto que fará com que a companhia ganhe mais espaço no mercado. As respostas estão lá fora, e não na sua planilha de Excel!

O que eu quero dizer com tudo isso é: não jogue o esforço de criar a sua companhia no lixo. Se você começou como uma startup disruptiva, cresceu, quis continuar tocando o seu negócio porque é isso que você ama fazer, não caia na tentação de se tornar uma empresa tradicional que não enxerga que o mundo está mudando e que as respostas para um problema não são mais as mesmas. Se você é um empreendedor e um CEO, deve agir como um guardião da inovação e das mudanças. Questione-se o tempo todo. Essa é a sua grande função. Você deve garantir a construção, hoje, de uma companhia que vai destruir a sua própria companhia no futuro. Hoje, as verdades são muito perecíveis e duram tanto quanto um cubo de gelo no deserto. E você, depois de tudo o que passou para construir, escalar e maturar a sua companhia, não tem o direito de deixar que essa empresa derreta.

Aqui vai o último e talvez mais importante aprendizado que tive em minha vida de gestor, caro empreendedor. JAMAIS confie no Estado. Se você está criando um negócio e colocando o Estado como um cliente crucial para sua prosperidade, desista agora e remodele seu *business*. Saiba que qualquer oportunidade que o Estado tiver para destruir o seu negócio, ele vai usar, principalmente por meio de regulamentações. Inteire-se dos movimentos políticos do país em que você atua – ou você passa a gostar e a fazer parte do movimento político, ou você será governado por aqueles que o fazem.

Sei que essa é uma opinião polêmica. E sei que vários dos meus conselhos ao longo deste livro foram polêmicos também. Mas isso foi proposital: quis mostrar para você qual é a realidade do empreendedorismo no Brasil. Em todas essas páginas, dividi as minhas dores, os meus erros e meus acertos para que você, que já é um herói (ou uma heroína) por querer empreender nesse ambiente tão complexo, tenha as ferramentas essenciais para se sair bem nesse projeto. O meu objetivo, como disse no começo do livro, era fazer um guia sobre empreendedorismo. Isso só foi possível porque contei com a generosidade de pessoas que, ao acompanhar os webinars que conduzi, dividiram comigo suas dúvidas e angústias. Este livro não seria possível sem essas pessoas. E não seria possível sem você, com quem dividi tantas horas de leitura. Muito obrigado por me acompanhar até aqui. Espero que este livro fique na sua cabeceira para servir de guia enquanto você navega na jornada mais espetacular da sua vida.

É A HORA DE FAZER O *EXIT*?

WEBINARS

O investidor que está colocando dinheiro na minha empresa pode desconfiar se eu tomar a iniciativa de procurar outro investidor com o objetivo de fazer o exit?

Dependendo da fase da sua companhia e do seu alinhamento com os investidores, sim. Eles podem usar você com desconfiança. Porque, imagine, você acaba de fazer uma rodada e já vai para o mercado vender seu ativo. Se o seu investidor descobrir, vai se sentir um trouxa porque nem deu tempo de ter retorno do investimento e você já quer vender. E isso é muito ruim. Você só deve procurar uma estratégia de saída quando estiver cansado do negócio, ou porque você diluiu demais seus ganhos ou porque chegou uma proposta irrecusável para você pessoalmente. É uma avaliação que você tem de fazer com seus sócios – e sócios, leia-se investidores. Senão, gera um clima ruim.

TERMOS EM INGLÊS POR ORDEM DE APARIÇÃO

INTRODUÇÃO
Webinar: seminário on-line ao vivo com participação dos internautas.
Minimum viable product ou MVP: produto mínimo viável.

CAPÍTULO 1
Playbook: Documento que reúne informações relevantes sobre e para o setor de vendas de uma empresa.
Roadmap: plano estratégico para se atingir determinado objetivo.
Quarter: trimestre.
Home office: escritório em casa; trabalho remoto que acontece na residência do trabalhador.
Marketplaces: plataformas virtuais em que diferentes empresas vendem seus produtos.
Leads: clientes potenciais.

CAPÍTULO 3
Long tail: cauda longa.
Push notification: mensagem customizada para celulares.
Stakeholders: pessoa ou grupo que tem interesses ou investimentos na empresa.
Canvas: literalmente, tela. No jargão das startups, é um diagrama.
Business plan: plano de negócio.

CAPÍTULO 4
Lean: enxuto.
Early adopters/early users: grupo de pessoas que adota primeiro um produto.
Tracking: rastreamento.
Product market fit ou PMF: produto ajustado ao mercado.

CAPÍTULO 5
Back office: área de apoio de uma empresa.
Headhunter: recrutador.
Millennials, ou geração Y: pessoas que nasceram a partir de 1982.
Network: rede de contatos.
Smart creatives: pessoas com inteligência para criar rapidamente.
Commitment: engajamento.
Street smart: esperteza das ruas.

CAPÍTULO 6
Founder: fundador.
Pitch: jargão das startups para as apresentações da empresa a possíveis investidores ou sócios.
Equity: ações de uma companhia.
Fundraising: captação de investimentos, de recursos.
Equity pool: percentual das ações de uma empresa.
Vesting: mecanismo do Direito Societário

que permite o parcelamento da compra de ações por parte do beneficiário.
Cliff: outro mecanismo do Direito Societário que faz com que o sócio fique em um regime probatório por um período predeterminado.
Stock options: opções de compra de ações de uma companhia para seus funcionários.

CAPÍTULO 7
Funding: investimento.
Track record: histórico de desempenho; todas as conquistas ou fracassos que uma pessoa (ou uma empresa) teve anteriormente.
Bootstrapping: literalmente "erguer a si mesmo pelas alças das botas". A expressão é empregada em situações que parecem impossíveis de realizar com sucesso – como empreender só com o próprio dinheiro.
Family offices: escritórios que cuidam do capital de famílias.
Pitch deck: apresentação da startup.
Customer acquisition cost ou CAC: custo de aquisição do cliente.
Cold call: ligar de surpresa para um cliente ou investidor em potencial.
Equity crowdfunding: levantar dinheiro para a startup em troca de ações.
Seed capital: capital semente.
Convertible notes: debênture conversível, o que quer dizer que, no momento em que a sua empresa se tornar uma Sociedade Anônima (S.A.), esse investidor executará a sua debênture e entrará, de fato, na sociedade.
Life Time Value ou LTV: o valor do tempo de vida do cliente.
Monthly Recurring Revenue ou MRR: receita recorrente mensal.
Valuation: o valor de um ativo.
Run rate: taxa de chegada.

CAPÍTULO 8
Churn: taxa de abandono.
Fulfillment: porcentagem de clientes atendidos versus tamanho da demanda.
Key Performance Indicators ou KPIs: indicadores de performance de um negócio.
Growth: canais de crescimento em marketing digital.
COHORT: tabela que mostra o tempo de recuperação do investimento feito em um grupo de pessoas.
Gross Merchandise Value ou GMV: quantidade de dinheiro que girou no seu negócio.
Take rate: quanto fica de dinheiro para a plataforma, excluindo o custo com a plataforma de pagamento (subadquirente).

GLOSSÁRIO

CAPÍTULO 9

Growth hacker: profissional de marketing orientado ao crescimento da empresa que se baseia muito em métricas e análises para tomar decisões e usa a tecnologia (código, scripts, softwares) para escalar seus resultados.

Growth hacking: a filosofia/metodologia que busca o crescimento acelerado e desproporcional da empresa.

Black hats: ações para subverter o sistema, enganar o usuário ou driblar as regras.

Hack: atalho.

Media training: treinamento para falar com a imprensa.

Reviews: avaliações.

CAPÍTULO 10

Exit: momento em que o empreendedor vende a sua participação na startup.

Acqui-hiring: quando outra companhia quer adquirir o time que trabalha na sua empresa.

Net present value: valor presente descontado, que traz o valor presente da empresa menos sua taxa de desconto para o investimento.

Hackatons: maratonas de desenvolvimento.

Este livro foi impresso pela
gráfica Rettec em papel
Pólen Bold 70g em
fevereiro de 2021.